消費者相談ハンドブック

警察庁生活環境課
生活経済対策室 推薦

東京法令出版消費者相談研究チーム 編著

東京法令出版

はじめに

　都市化の進展や社会構造の変化、さらには長引く景気の低迷などによる社会的な不安要素を背景にして、消費者心理を巧みに利用した新たな形態の事犯や、組織的・計画的な生活経済事犯の発生が跡を絶たない状況にあります。このような状況に対処するため、「訪問販売等に関する法律」を「特定商取引に関する法律」として改正し規制対象の拡大を図る一方、「消費者契約法」の制定などの法整備が行われていますが、依然消費者取引をめぐる苦情・相談は増加の傾向をたどっています。
　このため警察では、悪質商法による被害の未然防止・拡大防止によって、消費者保護を図るため、生活経済事犯の積極的な取締りや多様な広報啓発活動の推進をはじめ、各都道府県警察に相談窓口を設置して、消費者からの苦情・相談に対応しています。しかし、最近の悪質商法に関する事案は、新たな手段の出現、手口の巧妙化などによりますます複雑多岐にわたり、この種の苦情・相談に適切に対応していくためには、関係法令の理解や最新の専門的な知識の修得が不可欠になってきています。
　そこで、平成10年に発行し好評をいただきました「消費者相談ハンドブック」を改訂し、2度にわたる「訪問販売等に関する法律」の改正（改正後「特定商取引に関する法律」）や、悪質商法の新手口事例等を盛り込んだ「新訂消費者相談ハンドブック」を発行する運びとなりました。
　改訂に当たっては、小社内にプロジェクトチームを設け、第一線でご活躍される皆様のご意見等を集約した上で、関係部局に対する取材を行い、新たに必要と思われる事例や具体的な対処方法などを分かりやすく解説いたしました。
　本書が、警察部内における消費者相談の手引き書として、また、この種の相談業務に携わる多くの方々の参考書として、その一助となれば幸いです。
　なお、最後になりましたが、発行に当たりましては、警察庁生活安全局生活環境課生活経済対策室様に多大なるご協力をいただきました。厚く御礼申し上げます。

　平成13年9月

東京法令出版消費者相談研究チーム

目　次

第1章　序　論
第1　相談受理の心構え ……………………………………………………………… 2
第2　相談受理に当たっての留意事項 ……………………………………………… 2
第3　消費者相談の限界 ……………………………………………………………… 3
第4　効果的な対策 …………………………………………………………………… 3

第2章　民事法の基礎的知識
第1　はじめに ………………………………………………………………………… 6
第2　契約の無効、取消し及び解除 ………………………………………………… 6
　　1　契約の無効、取消し及び解除の意義 ……………………………………… 6
　　2　契約の無効 …………………………………………………………………… 6
　　3　契約の取消し ………………………………………………………………… 7
　　4　契約の解除 …………………………………………………………………… 8
第3　民事上の紛争解決手続 ………………………………………………………… 11
　　1　和　解 ………………………………………………………………………… 11
　　2　調　停 ………………………………………………………………………… 11
　　3　民事訴訟 ……………………………………………………………………… 11
第4　まとめ …………………………………………………………………………… 12
別添　解除の意思表示の方法 ………………………………………………………… 13
　　1　クーリング・オフの方法 …………………………………………………… 13
　　2　内容証明郵便の規定 ………………………………………………………… 13

第3章　特定商取引等事犯
第1　特定商取引をめぐる相談 ……………………………………………………… 16
第2　特定商取引と法規制 …………………………………………………………… 16
　　1　「訪問販売」の定義 ………………………………………………………… 16
　　2　「電話勧誘販売」の定義 …………………………………………………… 17
　　3　業者に対する行為規制 ……………………………………………………… 18
第3　クーリング・オフ制度 ………………………………………………………… 20
　　1　クーリング・オフ …………………………………………………………… 20
　　2　クーリング・オフの方法 …………………………………………………… 21
　　3　クーリング・オフの効果 …………………………………………………… 21
第4　訪問販売、電話勧誘販売における契約の解除等に伴う損害賠償等の額の制限 …… 22
第5　除外規定 ………………………………………………………………………… 22
　　1　訪問販売 ……………………………………………………………………… 22
　　2　電話勧誘販売 ………………………………………………………………… 23

第6　相談受理に当たって注意すべき事項 …………………………………………24
　　別表1　指定商品 ……………………………………………………………………25
　　別表2　指定権利 ……………………………………………………………………32
　　別表3　指定役務 ……………………………………………………………………32
　《相談事例》
【問1】　消耗品に対するクーリング・オフ ………………………………………………35
　　　　化粧品セットを訪問販売によって購入した。クリームを少し使用したが、他は使用していないので、クーリング・オフ期間内に契約の解除を申し出たところ、販売業者は、「クリームを使用しているので化粧品セット全体をクーリング・オフすることはできない」と断られた。本当か。
【問2】　指定商品と非指定役務とが一体となった契約におけるクーリング・オフ …………38
　　　　英会話ビデオと海外旅行が一体となった契約の解除を申し出たところ、「指定商品の英会話ビデオについては解約するが、旅行は指定役務でないので解約できない」と断られた。契約の全部を解約することはできないか。
【問3】　押し付け商法 ………………………………………………………………………40
　　　　2日前、セールスマンが「ガス漏れ警報器の点検に来た。近所は皆取り付けてある」と言って勝手に台所に上がり込み、ガス漏れ警報器を取り付けた上代金を請求されたので、しかたなく代金2万円を支払って、契約書面を受け取った。しかし、翌日、不要と思い解約の書面を内容証明郵便で郵送したが、業者は「そのうち返す」というだけで一向に返してくれない。どうしたらよいか。
【問4】　工事商法 ……………………………………………………………………………43
　　　　セールスマンが自宅を訪ねてきて、自宅の外壁工事を盛んに勧誘するので契約をしてしまったが、他の業者と比較すると工事代金が高いようなので2日後に解約を書面で申し出たところ、工事代金の2割の解約金を請求された。解約金を支払わなければならないか。
【問5】　危険商法 ……………………………………………………………………………45
　　　　10日前に業者が自宅を訪ねてきて「トイレファンのモーターが悪くなっている。このままではモーターが熱をもって火事になる。危険だから取り替えたほうがよい」と言われ、代金1万5,000円を支払ってトイレファンを取り替えたが、近くの業者に聞いたらトイレファンが原因で火事になることはないと言われた。解約したいが、契約書面も受領しておらず、業者名や電話番号も分からない。どうしたらよいか。
【問6】　かたり商法 …………………………………………………………………………47
　　　　2日前、セールスマンが自宅を訪ねてきて「NTTから来た。ダイヤル式の電話機は、今後使えなくなる」な

どと言われ、プッシュ式電話機を買わされ、契約書面をもらったが、解約できないか。

【問7】 霊感・霊視商法 ……………………………………49
セールスマンに「悪霊が取りついている。印鑑を買えばそれが取り払われる」と勧誘を受け契約し書面を受領したが、家族に相談したところ高いと言われ、クーリング・オフの期間内の5日目にはがきを出したが、業者から電話で「はがきが契約後9日目に届いたので解約はできない」と言われた。本当に解約できないのか。

【問8】 キャッチセールス商法 ……………………………51
5日前、路上で「海外旅行のアンケートに協力してください」と呼び止められ、その後「詳しく聞きたい」と喫茶店に誘われた。喫茶店で英会話の学習教材の購入を勧められ、結局、48万円の英会話の学習教材のクレジット契約を締結してしまった。解約できないのか。

【問9】 アポイントメントセールス商法 …………………54
4日前に自宅に電話があり「アンケートに協力してください」と言うので質問に答えたところ、お礼に景品を差し上げるとのことで会社の営業所に呼び出された。営業所に行って景品を受け取り雑談をしていると、海外旅行のパンフレットを見せられ英会話の必要性について説明を受け、強引に英会話のビデオテープを購入する口頭契約をさせられ代金の一部を支払ってきてしまった。解約できないのか。

【問10】 催眠（ＳＦ）商法 …………………………………56
5日前、路上で配られた雑貨の安売りチラシをみて営業所に行ったところ多数の人がおり、事務所に入ると係の人が、次々に「これ欲しい人は手を挙げて」と言ってテッシュボックス、洗剤等をただ同然の値段で販売するので、会場にいる人は皆欲しくて手を挙げて商品を購入していた。いろいろな日用雑貨品の最後に係の人が羽毛布団を出し「本日のみの特別価格。限定8人」と言うので、思わず手を挙げ12万円もする羽毛布団を買ってしまった。契約書面は受け取っているが、高額な布団は必要ないので解約したい。

【問11】 ホームパーティ商法 ………………………………58
3日前、ステンレス鍋の販売会社から電話があり「お宅で料理講習会を開きたい。材料等は会社の方で準備する」と言うので近所の奥さんたちを誘い講習を受けたが、アルミ鍋で沸かしたお湯が白く濁り、セールスマンが「今までのアルミの鍋をそのまま使用していては将来癌になる」と説明するので驚いてしまい、ステンレス製鍋セットを18万円で購入してしまった。商品は何度か使用したが、解約できるか。

【問12】 内職商法（業務提供誘引販売取引） ……………60

「短時間で技術習得。簡単な作業で高収入が得られる」という新聞折込みチラシを見てデータ入力の内職をしようと思い、高額な専用コンピュータを購入し、契約してから2週間がたつが、仕事がほとんどない上、コンピュータもとても古くほとんど使えない。だまされたような気がする。

【問13】 送り付け商法 ……………………………………… 63
　12日前に、注文もしていない税務情報誌（定価2万円と表示）が宅配便で送られてきた。注文もしていないのでそのままにしておいたところ、昨日○○出版協会から請求書が送られてきた。どうしたらよいか。

【問14】 資格（士）商法（通信販売の形態） ……………… 67
　3週間前、行政書士に関するダイレクトメールが送られてきたので、はがきで行政書士資格取得の申込みをして受講料を振り込んだが、契約書類も送ってこないばかりか、講習会開催の通知もない。電話で問い合わせしているが、いい返事がない。受講料を取り戻すことはできるか。

【問15】 資格（士）商法・二次被害（電話勧誘販売の形態） ……………… 70
　1年前に資格取得に関する教材を購入して勉強していたが、5日前に、電話で「インターネット○○協会の者ですが、今度、インターネットのスペシャリストとしての認定資格者を育成するための特別講習を行っている。受講料は8万円。今日が申し込みの最終日。近い将来国家資格になる」などと勧誘されたので、そのときに申し込み、指定された銀行口座に受講費用を振り込んでしまった。契約書類は2日前に郵送されてきたが、家族に反対されたので解約の電話を入れたところ「謝って済む問題ではない。何を考えているのか」などと言われ、解約に応じてくれない。受講料を取り戻すにはどうしたらよいか。

【問16】 特定継続的役務提供 ……………………………………… 73
　5日前、街を歩いていたら、「モデルになりませんか？」と声をかけられた。少し興味があったので、その人と事務所へ同行し説明を受けた。その内容とは、モデルの契約期間は3年間。その間、エステを受けなければならないとのことだった。エステ代は3年間何度行っても無料とのことだが、ローション代38万円だけは私が負担するということで契約した。
　しかし、何回かエステに通ったが、友人からその事務所はモデルの仕事をやったことがないと聞き、また冷静に考えるとローション代も高いので契約を解約したいと申し出ると、ローションは私の体質に合わせて作ってあるので、封を切ってしまうと解約できないし、モデルを

やらないのなら、今までの体験エステ代5万円を支払ってほしいと言われた。そのローションを見せてほしいと言ったところ、エステティシャンしか入ることのできない部屋に置いてあるので見せることができないと言われた。どうしたらよいか。

【問17】 マルチ商法（連鎖販売取引） ……………………76

1週間前、友人から楽しくてすばらしい仕事があると誘われて、説明会場に同行した。会場ではビデオを見せられてから、「健康食品を買ってくれる人を紹介してください。その人が健康食品を購入してくれれば商品代金の15％の紹介料がもらえる。また、紹介者が一定以上になるとランクが上がり、もっと多くの利益を得ることができる」と説明を受け、15％の紹介料も魅力であったし、自分でも簡単にできる仕事と思ったので、入会の条件になっている健康食品のセット12万円の売買契約を締結して契約書を受け取るとともに、代金を支払った。後で考えると、そんなに勧誘することはできないと思うようになったので解約したい。

【問18】 ネットワーク利用商法 ……………………83

10日前、インターネットのホームページを見ていたところ、中古パソコンのオークション（競売）が開催されていたので、興味があったので参加したところ落札した。指定口座に代金を振り込んだが品物は送ってこないし、連絡もとれなくなった。だまされたような気がする。

第4章　利殖商法

第1　利殖商法をめぐる相談 ……………………………………… 88

第2　利殖商法と法規制 …………………………………………… 88

　1　「預り金」の禁止 ……………………………………………… 88

　2　「預り金」の要件 ……………………………………………… 88

　3　民事法上の解決 ……………………………………………… 90

第3　相談者から聴取すべき事項 ………………………………… 90

《相談事例》

【問】 利殖商法 ………………………………………………………91

Aファンドという会社に、「当社が保証する優良ベンチャー企業に融資をすれば、元本保証、出資額の5％の金額を配当金として毎月支払う」というような条件で金銭を投資したが、ここ3か月、配当金も払ってもらえず、会社とも連絡がつかない。解約したいがどうしたらよいか。だまされたような気もする。

第5章　ネズミ講

第1　ネズミ講をめぐる相談……………………………………………94

第2　ネズミ講と法規制……………………………………………………94
　　1　無限連鎖講の定義………………………………………………94
　　2　規制の概要………………………………………………………96
　第3　相談者から聴取すべき事項………………………………………98
　　《相談事例》
　【問】ネズミ講の事例～マネーゲーム………………………………99
　　　「リストの4人の口座に、千円ずつ振り込むだけ。あとはリストの一番上の人を削って順番を一つずつ上げ、自分の名前と口座を一番下に追加した新しいリストを作って、多くの人にメールを送るだけで、次々と会員が増え、その人たちから大金を手にすることができる。一番上の人を削除するので、ネズミ講にはなりません。」という電子メールが送られてきた。違法でなければ、参加してみたいのだが。

第6章　証券取引商法
　第1　証券取引等をめぐる相談………………………………………104
　第2　証券取引商法と法規制…………………………………………105
　　1　証券取引法……………………………………………………105
　　2　投資顧問業法…………………………………………………105
　第3　相談受理時の留意事項…………………………………………107
　　《相談事例》
　【問1】登録証券会社による不公正な勧誘…………………………108
　　　証券会社の外務員から、「絶対にもうかる。損をした場合は会社が責任をとる」などと勧誘を受けて、契約しようと思っているが大丈夫か。
　【問2】証券会社外務員の横領行為…………………………………111
　　　証券会社の外務員に株買付け代金を渡したが、いつまでたっても株を渡してくれないので、外務員を追及したところ、言を左右にしはっきりと回答してくれない。証券会社に抗議してもとりあってくれない。どうしたらよいか。
　【問3】投資顧問契約のクーリング・オフ…………………………113
　　　投資顧問会社と投資顧問契約をしたが、不安になったので解約したいが、どうしたらよいか。
　【問4】投資一任契約及び投資顧問業者の金銭の受入れ行為………116
　　　投資顧問契約をしているD株式情報㈱という投資顧問会社から、「大きくもうけるためにはタイムリーな売買が絶対条件だ。500万円ほど預けて一切任せてみないか」との勧誘を受けているが大丈夫か。
　【問5】無登録証券会社による証券取引商法（二八商法）…………118
　　　E経済㈱という会社から電話があり、「株式買付代金の2割を保証金として出せば、残り8割は当社が低利で

融資し、希望する株を買い付けてあげる」と言われ保証金150万円を指定の銀行に振り込み取引を始めた。その後数回の売買で利益が出たので清算を申し入れたところ、「まだ上がる」などと言われこれに応じてくれない。どうしたらよいか。

【問6】 無登録投資顧問業者による証券取引商法の事例（株の分譲） …………122
投資顧問契約をしているＦ投資顧問㈱から「年会費80万円の特別会員になれば会社が以前に購入した値上がり株を安値でお譲りします」と言われ、年会費80万円と株式買付代金200万円を銀行に振り込んだがいつまでたっても株券を送ってこない。会社に請求したところ「会社で預かっておくので心配しなくてよい」と言って株券を渡してくれない。どうしたらよいか。

第7章　先物取引

第1　先物取引をめぐる相談 …………………………………………………126
1　先物取引の特徴 ……………………………………………………………126
2　先物取引を行う業者 ………………………………………………………126
3　先物取引の手順 ……………………………………………………………126
4　先物取引をめぐる相談 ……………………………………………………127

第2　先物取引と法規制 ………………………………………………………127
1　先物取引に対する法規制の体系 …………………………………………127
2　商品取引所法による規制概要 ……………………………………………128
3　海外先物取引規制法による規制概要 ……………………………………128

第3　相談受理時の留意事項 …………………………………………………129
別表1　商品取引所と上場商品 ……………………………………………130
別表2　海外商品市場（施行令第2条） …………………………………131

《相談事例》

【問1】 先物取引の基礎的知識 …………………………………………………132
金の先物取引に誘われたが先物取引とは、どのような取引なのか。

【問2】 海外先物取引の勧誘 ……………………………………………………136
○○トレーディングという会社からロンドン市場の小麦先物取引に誘われたが信用できる会社か。

【問3】 国内先物取引の勧誘 ……………………………………………………138
○○交易という会社から国内のプラチナの先物取引に勧誘されたが信用できる会社か。

別表3　商品取引所相談室の電話番号一覧 ……………………………139
別表4　商品取引所法にいう「商品」の範囲 …………………………140

【問4】 海外商品取引業者による契約強要 ……………………………………141
2週間くらい前に、○○物産という会社から電話でロンドン市場のコーヒー豆の先物取引の勧誘を受け、これ

を断ったところ、2日前に電話で「既に注文した」と一方的に言われたがどうしたらよいか。

【問5】 国内先物契約の解約 143
○○通商の商品取引員と国内大豆の先物取引の取引委託契約をしているが、損が続いているので取引中止を申し入れたが応じてくれない。解約したいがどうしたらよいか。

【問6】 海外先物契約の解約〜その1 145
○○興産という会社と1週間前に香港市場の大豆の先物取引委託契約を締結したが解約できるか。

【問7】 海外先物契約の解約〜その2 147
ニューヨーク市場の石油製品の先物取引を続けていたところもうけが出たので、「取引をやめたい」と申し出たが業者が、「まだまだ値上りする」と言って応じてくれない。どうしたらよいか。

【問8】 国内先物取引における追証 149
○○商事という会社と国内の白金の先物取引委託契約を締結し取引しているが、「値段が下がったから追証として○○万円払い込んでくれ」との電話があった。どうしたらよいか。

【問9】 海外先物取引における追証 152
○○貿易という会社とシカゴ市場のとうもろこしの先物取引の取引委託契約を締結し取引しているが、「追証を払え」と言われている。どうしたらよいか。

第8章　現物まがい商法

第1　現物まがい商法をめぐる相談 156
第2　現物まがい商法と法規制 156
　1　預託等取引契約の定義 156
　2　規制の概要 157
　3　クーリング・オフ制度 157
　4　クーリング・オフ期間経過後の解除 158
第3　相談者から聴取すべき事項等 158

《相談事例》

【問1】 預託等取引のクーリング・オフ 159
1週間前に、自宅にセールスマンが来て、「真珠のネックレスを買って6か月間預けてもらえば、高配当の賃借料をつけて返す」と勧誘され契約したが解約できるか。

【問2】 預託等取引のクーリング・オフ期間経過後の解約 162
20日前に、自宅にセールスマンが来て、「ゴルフ会員権を買って1年間預けてもらえば、購入価格の倍で買い取ります」と勧誘されて契約し、契約締結時の書面も受領したが、不安になったので解約したいができるか。

【問3】 預託等取引規制法の規制を受けない取引の解約 ·· 165
　　　　自宅にセールスマンが来て、「若木の森林を買ってもらえば成長するまでの10年間関連会社で管理し、成長したところで売却し、管理費を差し引き清算した額を返還する」という勧誘を受け契約したが解約できるか。

第9章　金融事犯

第1　金融をめぐる相談 ·· 168
第2　貸金業と法規制 ·· 168
　　1　出資法 ·· 168
　　2　貸金業規制法 ·· 168
　　3　利息制限法 ·· 168
第3　金利の規制 ·· 169
　　1　出資法（刑事法）上の規制 ·· 169
　　2　利息制限法（民事法）上の規制 ·· 169
第4　金利計算 ·· 171
　　1　出資法上の金利計算の基礎 ·· 171
　　2　利息制限法上の金利計算の基礎 ·· 171
第5　貸付方法の種類 ·· 172
第6　相談受理時の留意事項 ·· 172

《相談事例》

【問1】 金利計算の方法 ·· 173
　　　　A貸金業者からお金を借り現在も返済しているが、利息が高くて困っている。どうしたらよいか。

【問2】 契約内容、返済状況等が不明の場合 ·· 177
　　　　半年くらい前にB貸金業者から20万円を借り、その後数回にわたって約15万円を返済したが、先日、B貸金業者から「現在、元利合計が25万円になっている。今月中に全部支払え」と言ってきた。返済のあてはない。返済日、返済額は覚えていないが、債務整理にはどのような方法があるか。

【問3】 高金利の事例～元金一括償還貸付の場合 ·· 180
　　　　C貸金業者に20万円の借金を申し込み、貸付期間30日で、利息2万円を天引きされ18万円を受け取った。そして、返済日に20万円を返したが、利息が高過ぎないか。もし高過ぎるのであれば、払い過ぎた利息は返還請求できるか。

【問4】 高金利の事例～償還金、償還日が均等でない割賦償還の場合 ·· 182
　　　　E貸金業者に、平成○年1月5日に15万円の借入れを申し込み、その利息として2万円を天引きされ13万円の交付を受けた。その後、元金は、この年の1月20日に5万円、2月10日に7万円、2月25日に3万円を分割償還

しました。利息が高過ぎないか。

【問5】 高金利の事例～償還金、償還日が均等の割賦償還の場合 …………………………………… 185
　　　　F貸金業者に50万円の借金を分割返済で申し込んだところ利息として4万円のほか調査費、保証料として1万円、計5万円を天引きされ45万円を受け取った。返済方法は10日ごとに10万円ずつ5回払いの約束ですが、これは高金利とならないか。もし高金利なら、支払わなくてよいか。

【問6】 高金利の事例～システム金融等 …………………………………………………………… 188
　　　　1か月前に自宅に「無担保、無保証、500万円まで即日融資。」などと書かれたダイレクトメールが送られて来たので、電話で融資の申込みをしたところ、「最初は100万円までしか融資できません。100万円であれば、支払期日が20日先の額面60万円の約束手形2枚を送ってください。20万円は利息です。」と言われたので、平成○年1月10日に、支払い期日が同年1月30日の約束手形2枚（額面合計120万円）を郵送し、同日、100万円を借りた。
　　　　その後2週間過ぎた頃に、今度は「△△ファイナンス」という会社から同じようなダイレクトメールが届き、○○リースへ振り出した手形の支払い期日が迫っていたことから、電話で融資の申込みをし、同年1月25日に、支払い期日が同年2月14日の額面70万円の約束手形2枚（額面合計140万円）を振り出して100万円借りた。
　　　　なんとか不渡りは免れたが、これらの業者の利息は高すぎないか。
　　　　もし、高すぎるのであれば、払い過ぎた利息は返してもらえるのか。

【問7】 強引な取立て行為の事例 …………………………………………………………………… 192
　　　　貸金業者の従業員2人が午後8時ころやってきて、夫の借金について「亭主の借金を返すのは当然だ。返してもらうまで帰らないぞ」などと大声で怒鳴り約3時間も居座った。何とかならないか。

【問8】 紹介屋商法 …………………………………………………………………………………… 196
　　　　1か月前のスポーツ新聞の広告欄に、「50万円まで即融資、全国どこでもOK、来店不要、フリーダイヤル○○○○番」などと、広告が掲載されたので、電話で融資を申し込んだところ、「あなたの与信状態がよくない。うちでは貸せないが他の店を紹介してあげる」などと言われたので、紹介された消費者金融に行って融資を受けた後、紹介手数料として融資額の20％の額を指定された口座に振り込んだ。その後、紹介をした貸金業者とは連絡がつかなくなった。だまされたように思う。

【問9】 手形つかませ屋 ……………………………………………………………………………… 199

20日前に自宅に、「来店不要、低金利の大口融資」などと印刷されたダイレクトメールが送られてきたので、電話で融資を申し込んだところ、「あなたには現金の貸付はできませんが、約束手形で融資してくれる会社を紹介します。手形を現金化して借金を返済してください。謝礼金として手形額面の1割を指定口座に振り込んでください」などと言われたので、約束手形の1割に当たる50万円を振り込んだところ、約束手形が送られてきた。しかし、金融機関に持ち込んでも割引ができなかった。
　振り込んだ現金を取り戻したいのですが、だまされたような気がする。

付録

- ○　消費者行政窓口一覧 …………………………………………204
- ○　全国消費生活センター一覧 …………………………………207
- ○　全国弁護士会一覧 ……………………………………………227
- ○　財務局、財務事務所一覧 ……………………………………229
- ○　都道府県の貸金業担当部課係一覧 …………………………232
- ○　全国の貸金業協会（相談窓口）一覧 ………………………234
- ○　日本証券業協会、地区協会一覧 ……………………………236

第1章 序　論

第1　相談受理の心構え

　消費者からの苦情・相談は、国民の警察への要望を把握するとともに、苦情・相談に係る個々の事案の検挙、解決を通じて消費者の保護を図ることを目的とするものであることから、苦情・相談の受理に当たっては、消費者の心情を十分くみ取り、適切な対応に努めていくことが必要である。

　また、悪質商法に係る事犯は、苦情・相談によって初めて警察が事案を認知することができる潜在性の強いものが多いことから、寄せられた苦情・相談からの各種対応にも配意するなど、悪質商法による被害の未然防止・拡大防止に努めていく必要がある。

第2　相談受理に当たっての留意事項

1　親切な応対

　消費者相談を受理するに当たっては、相談者の心情をよく理解し、親切に応対するとともに、警察になじまない相談や問題であることが判明した場合や他の関係機関・団体で取り扱うことが適当であると認められるような事案であっても、相談者の立場に立って納得できるように十分説明する配意が必要である。

2　公正な対応

　相談者の中には、相手方との利害関係から、自己の立場を優位に導こうと自己主張し、感情的に相談する場合があるので、相談の本旨をよく見極めた上、あくまでも中立的な立場から公正、適切な処理に当たる必要がある。

3　相談技術の研さん

　相談者は、警察に相談するまでには相当憂慮しながら持ち込んでいることから、相談を受理する担当者は、相手の心情をよく思いやり、話を聞き出す技術である「聞き上手」になるための言葉遣い、態度等に十分注意する必要がある。そのためには、円満な人格に加えて社会常識、社会・経済情勢及び各種法令に精通するように普段からの研さんに努めることが大事である。

4　解決方法の教示と引継ぎ

　消費者から相談があった場合は、解決の方法、法令解釈、手続等を親切、丁寧に教示するとともに、高度の専門的な知識・判断を要する相談や回答に自信のない場合にあっては問題をあいまいにせず、主管課の担当者に引き継ぎ、又は関係機関・団体の担当者を紹介するなどして相談者が納得できるよう適切に対処する必要がある。

5　関係機関・団体との連携

　苦情・相談等の受理の業務を適切かつ効率的に推進するため、平素から消費者相談の関係機関・団体等との緊密な連携に努め、円滑化を図る必要がある。

6　対応結果の連絡と記録化

　相談者に対しては、相談後においても必要に応じて対応状況を連絡するなど、誠意ある対処に配意する必要がある。

　また、受理した相談・苦情等の内容については、確実に記録化するとともに、上司に報告する必要がある。

7　秘密の厳守

　相談・苦情の中には、秘密を要する内容が含まれていることから、相談者の名誉、信用、社会的地位を傷つけたりすることがないよう特段の注意を払い、秘密を保持しプライバシー保護の厳守を図る必要がある。

第3　消費者相談の限界

　消費者相談・苦情を受理するに当たっては、相談者の意図を十分に聴取の上、警察に対する要望を把握し、相談者の希望とする方向で事案の解決に努力することが肝要である。しかし、相談者の中には、警察が関与することが必ずしも好ましくない問題もあることから、そのような相談に対しては、警察の立場や相談に係る事案の性質等に対する理解を求め、他の消費者相談の関係機関・団体の教示等によって解決すべきである旨の指導等にとどめるべき問題であることを見極める必要がある。

　なお、警察で対応することが問題となる相談事例としては、

　○　裁判所による確定判決又は和解調書の内容に反した希望を主張する内容のもの
　○　現に裁判所において係属中の事件
　○　明らかに警察を利用して、自己を有利に導こうとする民事上の係争事案

などが考えられる。

第4　効果的な対策

　消費者被害の未然防止・拡大防止の観点から、警察として真に国民に信頼され期待に応えるためには、消費者の生の苦情・相談等を通じて悪質商法の実態を迅速・的確に把握して、悪質業者には厳正に対処するなど早期に効果的な対策を講じていくことが要求される。

「悪質商法110番」などに寄せられた苦情・相談を受理するに当たっては、
- ○ 苦情・相談の実態を把握して、情報の集約化に努める
- ○ 事件化が可能なものについては、捜査への協力を依頼するとともに、主管課に確実に引き継ぐ
- ○ 内容が複雑で専門的な知識を要する内容の場合は、関係書類等を持参の上、来庁（課・署）するよう依頼し、その処理結果を主管課・係に確実に引き継ぐ

など、事件化への配慮も十分行い、効果的な対策を講じる必要がある。

第2章 民事法の基礎的知識

第1 はじめに

　悪質商法に関する苦情・相談の内容は、刑事上の問題と民事問題が交錯した事案が多いが、相談者は、それらを区別することなく持ち込んでくることがほとんどである。警察としては、純粋に民事上の契約関係に関するものについては、公権力によって介入することは原則として許されないが、相談者に対して、民事上の対応方法等について任意的事実行為として指導、助言することは、行政サービスの一環として避けるべきものでなく、相談者の心情を考慮した場合、むしろ必要不可欠のものであると考えられる。

　したがって、苦情・相談を受理した場合にあっては、刑事法上の問題と民事法上の問題とに分別し、どちらも的確に指導、助言できるようにしなければならない。そのためには、民事法上の契約に関するものの中で、既に締結してしまった契約の「解約」に関する相談が多いことから、契約の効力を失わせる法律行為及び紛争解決手続に関する基礎的な知識を有する必要がある。

第2 契約の無効、取消し及び解除

1 契約の無効、取消し及び解除の意義

　我が国の民法体系においては、契約は、原則として各当事者の真意から出た申込みと承諾との意思表示が合致したときに成立するものであるとされている。したがって、契約に係る意思表示の内容が錯誤によるものであって表意者の真意から出たものとはいえない場合等には、当該契約は無効とされる。

　また、意思表示の内容は表意者の真意に合致しているものの、表意者が未成年者である場合等であって表意者が自己の行為の結果について、適切な判断ができるものとはいえず、当該表意者を保護する必要が認められる場合や表意者の意思表示が相手方の詐欺等によって形成されたものである場合等においては、当該契約の効力を事後において遡及的に取り消すことができる場合があることを規定している。

　さらに、有効に成立した契約について、一定の要件を充足する場合に、事後的な事情により解除することができる場合があることについても規定している。

2 契約の無効

(1) 無効の規定

　契約の基礎となる意思表示が真意に基づくものでない場合には、当該契約は、当初からその効力を有しないこととされる場合がある。このような場合にあっては、

原則として、何人でも、その意思表示が無効である旨を主張することができる。
(2) 契約が無効となる場合
　ア　契約内容が公序良俗に反する契約である場合（民法90条）
　　○　窮迫に乗じて高利で金を貸し、弁済期に返金しなければ不相当に高価な財産を取り上げるという契約は無効との最高裁の判例がある。ただし、月2割の利息の約定は、当時の金融事情から、たとえ利息制限法違反の約定であっても、利息契約、消費貸借契約いずれも無効ではないとの下級審の判例がある。
　　○　被害者が社会的弱者であるなどの事情がある場合には、被害者の無知に乗じて締結した先物取引契約は無効となり得るとの最高裁の判例がある。ただし、顧客に断定的判断を提供して（商品取引所法違反）締結した国内先物取引委託契約であっても、商品取引の経験のある顧客の自由な判断のもとに締結されたものであるときは、契約の効力に影響がないとの最高裁の判例がある。
　イ　法律行為の要素に錯誤のある意思表示に基づいて締結された契約である場合（民法95条）
　　○　売買の目的たる物（馬）の属性、能力等を売買に係る意思表示の重要部分とした場合には、それらの錯誤は要素の錯誤となり得、無効となり得るとの大審院の判例がある。
　ウ　その他
　　(ア)　真意からされたものでない意思表示に基づいて締結された契約である場合において、当該意思表示の相手方が表意者の真意を知り、又は知ることができた場合（民法93条ただし書）
　　(イ)　相手方と通じてされた虚偽の意思表示に基づいて締結された契約である場合（民法94条1項）

3　契約の取消し
(1) 取消しの規定
　契約の基礎となる意思表示が相手方の詐欺等によってなされたものである場合等にあっては、法律で定める取消権者が当該意思表示を取り消すことができる。ある意思表示が取り消されることとなった場合にあっては、当該意思表示は、遡及的にその効力を失うこととなる。
(2) 契約が取消しとなる場合
　ア　詐欺又は強迫による意思表示に基づいて締結された契約である場合（民法96

条）
  イ 未成年者（満20年に満たない者）が法定代理人の同意を得ることなく締結した契約の場合。ただし、単に権利を得るため又は義務を免れるべき行為はこの限りではない（民法4条）。
  ウ その他
    (ア) 成年被後見人が締結した契約である場合（民法9条）
    (イ) 被保佐人が保佐人の同意を得ることなく締結した契約（特定の契約に限られる。）である場合（民法12条）

4 契約の解除
 (1) 解除の規定
  契約の内容として、一定の場合に当該契約の効力を破棄することができる旨を定めている場合（約定解除）及び相手方の債務不履行等特別の事情がある場合であって、民法上、契約の破棄をすることができる旨特別に規定されている場合（法定解除。ただし、これに反する特約がある場合を除く。）において、当事者の一方的な意思表示によって、当該契約の効力を失わせることができることとするものである。
  有効な解除がなされた場合にあっては、当事者双方に現状回復の義務が発生する。また、損害を被った者については、当該解除によって損害賠償請求権の行使を妨げられないこととされている。
 (2) 契約が解除となる場合
  ア 契約において、一定の場合に当該契約を解除し得る旨を規定している場合
  イ 民法上、契約を解除し得る旨の特別の規定がある場合（これに反する特約がある場合を除く。）
    (ア) 履行遅滞による解除権（民法541条、542条）
    履行期に至っても相手方が契約の履行をしない場合には、履行遅滞者に対する催告をした上で、当該契約を解除することができる。
    (イ) 履行不能による解除権（民法543条）
    相手方の責に帰すべき事由により契約の一部又は全部の履行（社会通念上）が不可能となった場合にあっては、催告なしに当該契約を解除することができる。
    (ウ) その他の解除
    ○ 売買契約関係
      ① 手付け（民法557条）

手付けを交付している場合には、手付けを放棄し又は手付けの倍額を償還することによって契約を解除することができる。

② 売主の担保責任と解除

a 権利の瑕疵についての担保責任

(a) 権利の全部が他人に属する場合

売主が売却した権利を買主に移転することができない場合には、買主は、当該売買契約を解除することができる（民法561条）。

売主が、契約当時、売却に係る権利が他人の権利であることを知らなかった場合には、原則として、損害を賠償した上、売主の側から当該売買契約を解除することができる（民法562条）。

(b) 権利の一部が他人に属する場合（民法563条）

売買の目的である権利の一部が他人に属し、残存部分だけでは、買主が当該権利を買うことの意味が失われてしまう場合には、善意の買主は、当該売買契約を解除することができる。

(c) 数量不足又は物の一部滅失の場合（民法565条）

数量を指示して売買した物の数量が不足している場合、及び物の一部が契約の当時既に滅失している場合には、善意の買主は、当該売買契約を解除することができる。

(d) 用益権等によって利用が制限されている場合（民法566条）

売買の目的物が地上権、質権その他の用益的権利の目的物であり、これのために買主が契約をした目的を達成できない場合であって、契約時に買主がこれを知らなかった場合には、買主は、当該売買契約を解除することができる。

(e) 担保権によって制限されている場合（民法567条）

売買の目的物である不動産の上に存する担保物権の行使により、買主がその所有権を失ったときは、買主は、当該売買契約を解除することができる。

b 物の瑕疵についての担保責任

売買の目的物に隠れた瑕疵（工場敷地用として買った土地が河川法準用区域であって工場を建設できない場合（大判大4．12．21）、見本売買において現に給付された物が見本品と異なる場合（大判大15．5．24）、耕用馬として売買した馬が骨軟症にかかっていて到底耕用馬としての使役に耐えられない物であった場合（大判昭9．7．31）等であり、当該瑕疵の

ために買主が契約をした目的を達成できない場合には、買主は、当該売買契約を解除することができる（民法570条）。

○ 請負契約関係

① 請負人の担保責任と解除（民法635条、636条及び637条）

仕事の目的物を引き渡したときから1年以内は、仕事の目的物（建物その他土地の工作物を除く。）に瑕疵があり、注文者が契約をした目的を達成することができないときは、注文者は、当該請負契約を解除することができる。ただし、瑕疵が注文者の提供した材料の性質又は注文者の指図から生じた場合は除かれる。

② 注文者の解除権（民法641条）

注文者は、請負人が仕事を完成させるまでの間は、いつでも損害を賠償して当該請負契約を解除することができる。

○ 委任契約関係

委任契約は、各当事者において、いつでもこれを解除することができる。ただし、相手方にとって不利な時期に解除する場合には、原則として損害の賠償をしなければならない（民法651条）。

◎ 消費者契約法について

今まで事業者が行う契約について、トラブルが発生した場合、解決する手口としては民法や個別法（当時の「訪問販売等に関する法律」など）を利用した対応があった。しかし、民法の規定は要件が厳格（詐欺、強迫、錯誤の規定）であったり、抽象的で消費者トラブル解決についての予見可能性、法的安定性が低く、また個別法は事業者の行為を規制するための法律で私人間の権利義務に直接的な効果をもたらすものはクーリング・オフなど一部に限られているなどということもあり、対応には限界があった。

こうしたことを背景に、これら法では規制することが困難な消費者トラブルが増加の一途をたどっていることなどから、平成13年4月1日に総合的な消費者被害救済策の推進を目的とした「消費者契約法」が施行された。この法律は、消費者が事業者と締結した契約全てを対象としており、事業者の不適切な行為（①不実告知、②断定的判断、③事実不告知、④不退去、⑤監禁）による契約を規制している。消費者がこれら契約をする際、誤認・困惑してそれを結んだと気がついたときから6か月以内であれば、当該契約を取り消すことができるという概要である。

この消費者契約法の適用を受けるにあたって留意すべき点は以下のとおりである。

※労働契約は労働契約法などが法整備されているので消費者契約法は適用されない。
※事業者を処罰する法律ではないので、消費者が事業者に契約を取り消したいと申し出なければ

ならない。

※契約締結の内容を証明する手段（契約書、契約時の第三者立会い、テープなどへの記録など）を講じておくことを心がけなければならない。

※単に説明がなかったということでは契約の取消しはできない。

※契約と直接関係ない事項で事業者側に問題があっても契約の取消しはできない。

※契約から5年を過ぎると取消しができない。

第3　民事上の紛争解決手続

1　和解（民法695条、民事訴訟法）

民法上の和解は、当事者が互いに譲歩して、その間に存在する争いをやめることを約する契約をいう。和解契約が成立した場合は、当事者は、それに反する主張ができなくなる。

民事訴訟法上の和解は、訴訟手続上、当事者がする訴訟上の和解と、訴の提起に先立って当事者の申立てによりなされる起訴前の和解がある。

これらは、いずれも民事訴訟手続に関連して行われるものであり、これらの和解の結果は、確定判決と同様の効力を有することとなる。

2　調停（民事調停法）

当事者が裁判所（相手方の住所、営業所等の所在地を管轄する簡易裁判所又は当事者が合意で定める地方裁判所若しくは簡易裁判所）に申立てを行い、裁判所の仲介により、当事者が互いに譲歩して、その間に存在する争いをやめることを約する制度である。この制度は、互いの自由意思に基づく合意であるという点においては和解と同様であるが、話し合いの場が裁判所によって強制的に設けられる点において和解と異なっている。

調停において、当事者間に合意が成立し、これを調書に記載したときは、その記載は、確定判決と同様の効力を有することになる。

調停に必要な費用については、調停を求める事項の価額に応じて異なっているが、「民事訴訟費用等に関する法律」によって価額が定められている。

3　民事訴訟（民事訴訟法）

当事者が裁判所（簡易裁判所又は地方裁判所）に訴訟を提起して裁判所の確定判決を得る手続である。

裁判所の判断により、明確な結論が出されることとなるが、一般に多大な時間と費用を要することとなる。

第4　まとめ

　契約は、一定の要件を備える場合に、無効になり、取消しとされ、又は解除されるものとされる。しかしながら、実際の契約関係において、これらの要件が備わっているか否かを判断することは容易ではない。

　これまでの悪質商法に係る民事訴訟の場合は、契約の効力そのものについて、無効、取消し又は解除を争うのではなく、契約自体はとりあえず有効に成立したものとした上で、勧誘行為等に係る悪質業者の不法行為を申し立てて、損害賠償を請求するというものが大部分である。

　当事者間に争いのある場合においては、最終的には民事裁判における判断等が示されるまでは、無効、取消し及び解除といっても何らの強制力、執行力を持つものではない。また、損害の回復を図る目的から、損害賠償請求権を行使するについても、強制力によって当該権利を行使するためには、民事訴訟における判決等を必要とすることとなる。

　したがって、相談・苦情を受理する場合においては、民事法上の救済手続について質問等があったときは、これまでの知識を踏まえ、一般論として簡便な指導、助言をするにとどめることとし、具体的な対応方法については、弁護士等に相談するよう勧めることが妥当と考えられる。

　なお、別添として、契約の解除の意思表示の方法（クーリング・オフ規定に基づく解除の方法）について示している。

別添

解除の意思表示の方法

1 クーリング・オフの方法

　クーリング・オフ（解除）は、解除権者の一方的な意思表示によって成立するが、書面で行う必要がある。よってハガキや手紙等でもよいが当該意思表示を明確にするためには、配達証明付き内容証明郵便によって、その意思内容を相手方に送達することが適当である。

　配達証明付き内容証明郵便の書式等については、郵便法等において、定められており、文房具店等において、当該書式に沿った用紙が市販されている。

2 内容証明郵便の規定（郵便法63条）

(1) 様式（郵便規則112条1項1号）

　　○ 縦書の場合

　　　　1行20字以内、1枚26行以内

　　○ 横書の場合

　　　　1行13字以内、1枚40行以内

　　　　　又は、1行26字以内、1枚20行以内

(2) 記入上の注意事項（郵便規則110条〜112条1項）

　　○ 内容証明とする郵便物を差し出すときは、内容たる文書のほかその謄本2通に内容証明料を添えて、郵便局に提出する。

　　○ 使用する文字は、仮名、漢字、数字及び英字（固有名詞に限る。）並びに括弧、句点その他一般に記号として使用されるものであり、記号は、1個を1字とする。

　　○ 謄本の文字又は記号は改ざんしてはいけない。

　　○ 文字又は記号を訂正し、挿入し、又は削除するときは、その字数及び箇所を欄外又は末尾の余白に記載し、これに押印し、訂正又は削除した文字は、明らかに読み得るよう字体を残すようにする。

　　○ 謄本の枚数が2枚以上にわたるときは、その綴り目に契印をする。

　　○ 謄本には、郵便物の差出人及び受取人の氏名、住所をその末尾余白に付記し、又は別に記載して添付する。ただし、その氏名、住所が文章の内容に記載されたものと同一のときは、これを省略できる。

(3) 手　続

○ 内容たる文書のほかその謄本2通を開封したまま郵便局に持参し、証明を受けてから郵便局員立会いのもとに封印する。

○ 配達証明を依頼するとより確実である。

(4) 証明と閲覧（郵便規則113条〜114条の2）

○ 差出人は、5年以内に限り、当該差出郵便物の受領証を提示し、差出人保管の謄本を提出して証明を受けることができる。

○ 差出人は、5年以内に限り、差出郵便局に当該郵便物の受領証を提出して謄本の閲覧を請求することができる。

［文例］

内容証明によるクーリング・オフの告知文

> ンー○平成○年○月○日付けの申込の撤回〔通知
>
> 名○○氏と○年○月○日○に締結した（申込んだ）セールスマンにて「特定商取引に関する法律」第九条の規定にて基づき、申込み撤回（契約解除）をします。つきましては、支払いました普通口座○○○○番「契約の解除（申込撤回）」に関する返金を、なお、商品は早めに引き取ってください。
>
> 平成○年○月○日
>
> 住所 ○○市○○町○○番地
>
> 氏名 ○○○○ 印

内容証明書用紙

> ○○市○○町○番地
> 株式会社○○
> 代表取締役 ○○○○ 殿

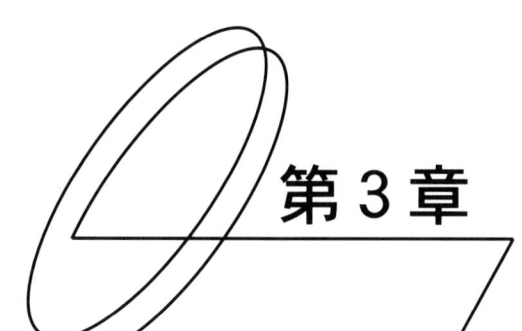

第3章 特定商取引等事犯

第1 特定商取引をめぐる相談

　訪問販売、電話勧誘販売や通信販売等の取引は、業者の側から消費者宅等を訪問し、又は電話をかけて商品等の購入についての勧誘を行い、あるいは各種の情報伝達手段を利用して業者と消費者が直接面接せずに、商品や権利を販売し、又はサービスを提供する契約を締結する点で、伝統的な取引形態である店舗販売とは大きく異なっている。

　近年、こうした訪問販売等の取引は、店舗等の設備を要していないため新規参入が比較的容易であることや、商品、役務等が多様化して消費者の需要が拡大していることなどから急速な成長を続けている。一方、消費者がこうした取引形態に慣れていないために、商品の必要性等を十分に検討することなく契約を締結しがちであり、また、買う気のない消費者をその場で、又は電話の中などで買う気にさせようとして勧誘員が詐欺的なセールストークや強引な言動で契約を迫る場合が多いことなどから、訪問販売等の取引に関するトラブルが多発しており、警察にも多くの苦情・相談が寄せられている。

　警察で受理している苦情・相談は、「販売方法に関する相談」、「商品等の品質に関する相談」、「契約の履行及び解約に関する相談」などであり、最も多いのが「解約に関する相談」である。

第2 特定商取引と法規制

　訪問販売等の取引に関する法規制の中心となるのが「特定商取引に関する法律」（以下「特定商取引法」という。）である。同法には、「訪問販売」、「通信販売」、「電話勧誘販売」、「連鎖販売取引」、「特定継続的役務提供」に係る取引並びに「業務提供誘引販売取引」及び「ネガティブオプション（いわゆる「送り付け商法」）」の7つの態様を定め、業者と消費者との間に生じるトラブルを未然に防止することを目的として、それぞれの取引態様に応じて一定のルールを設けているが、ここでは「訪問販売」、「電話勧誘販売」についての規制の概要を説明する。

　なお、「通信販売」、「連鎖販売取引」、「特定継続的役務提供」に係る取引並びに「業務提供誘引販売取引」及び「ネガティブオプション」については各設問で取り上げているので、それぞれの設問を参考にされたい。

1 「訪問販売」の定義

　「訪問販売」については、次の2形態が定義されている（特定商取引法2条1項）。
　(1)　販売業者又は役務提供事業者が営業所等以外の場所で契約を締結して行う指定

商品若しくは指定権利又は指定役務の提供

(注) 1 「営業所等」とは、営業所、代理店、露店、屋台店等のほか、消費者が自由に商品を選択できるなど店舗に類似する施設を有している場所をいう。

2 「指定商品」は動物及び植物の加工品など55品目、「指定権利」は保養のための施設利用権など3種類、また、「指定役務」は庭の改良など17種類がそれぞれ政令で指定されている（指定商品、指定権利及び指定役務については特定商取引法施行令第3条に規定している別表第1から第3参照）。

3 この取引形態には、かたり商法、工事商法、危険商法等が該当する場合が多い。

(2) 販売業者又は役務提供事業者が「特定顧客」※と営業所等で契約を締結して行う指定商品若しくは指定権利又は指定役務の提供

(注) 1 「特定顧客」には、次の3態様がある。
○ 営業所等以外の場所で呼び止められて営業所等に同行された者
○ 商品等の売買契約、役務提供契約の締結の目的を告げられずに電話、郵便、ビラ等により営業所等に誘引された者
○ 電話、郵便、住居訪問等により他の者と比較して著しく有利な条件で売買契約又は役務提供契約を締結することができることを告げられて営業所等に誘引された者

2 この取引の形態には、キャッチセールス商法、アポイントメントセールス商法、催眠（ＳＦ）商法等が該当する場合が多い。

2 「電話勧誘販売」の定義

「電話勧誘販売」については、次の形態が定義されている（特定商取引法2条3項）。

(1) 電話をかけて勧誘を行い又はいったん電話を切った後での申込み

販売業者又は役務提供事業者が、電話をかけて商品等の購入についての勧誘を行うことにより、その電話の中で消費者から購入の申込みが行われた場合のほか、いったん電話を切った後において当該電話勧誘の影響を受けて消費者が電話や郵便などで申し込む場合も該当する。

(2) 電話をかけさせる方法※

(注) 「電話をかけさせる方法」は、次の2態様がある（特定商取引法施行令2条）。
○ 電話、郵便、ビラ等により、売買契約又は役務提供契約の締結について勧誘をするためのものであることを告げずに電話をかけることを要請すること。
○ 電話、郵便等により、他の者と比較して著しく有利な条件で売買契約又は役務提供契約を締結することができる旨を告げ、電話をかけることを要請すること。

(3) 電話をかけることを請求させる行為※

(注) 1 「電話をかけることを請求させる行為」は、次の態様がある（特定商取引法施行令9条）。
　　　電話、郵便、ビラ等により、電話勧誘販売に係る売買契約又は役務提供契約の締結について勧誘をするためのものであることを告げずに電話をかけることを請求させる行為をいう。
　　2 この取引形態には、電話勧誘によるアポイントメントセールス商法、資格商法等が該当する場合が多い。

3 業者に対する行為規制

(1) 訪問販売

ア 氏名等の明示

訪問販売をしようとするときは、会社名や販売する商品の種類等を明らかにしなければならない。ただし、この規定には、直接罰はない（特定商取引法3条）。

イ 書面の交付

契約の申込みを受けた時や契約締結時には、申込み時の書面又は契約時の書面を交付しなければならない（特定商取引法4条、5条）。

ウ 禁止行為

契約締結時の勧誘をする際、又は契約の申込みの撤回若しくは解除を妨げるため、契約に関する重要な事項について、不実のことを告げたり、威迫して困惑させるような行為をしてはならない（特定商取引法6条）。

(注) 具体的事例
① 不実告知行為
○ 契約締結時の例
・ 法律上の設置義務がある（消火器）。
・ アルミ鍋は有害である（ステンレス鍋）。
・ 経済産業省が設置するように決めた（ガス漏れ警報器）。
○ 契約の申込みの撤回又は解除時の例
・ 印鑑を既に彫り始めたので解除できない。
・ ミシンの梱包を開いているので解除できない。
・ 名前をコンピュータに登録してしまったので解除できない。
② 威迫・困惑行為
○ 契約締結時の例
・ 「買ってくれないと困る」と声を荒げられて、だれもいないのでどうしたらよいかわからなくなり、早く帰ってもらいたくて契約をしてしまった。
・ ことさら入墨を見せられ、怖くなって契約をしてしまった。
○ 契約の申込み撤回又は解除時の例
・ クーリング・オフを申し出ると、業者から支払いの催促の電話があり、「残

金を払わないと現住所に住めなくしてやる」と言われ、不安になってクーリング・オフの行使を思いとどまった。

(2) 電話勧誘販売

ア　氏名等の明示

電話勧誘販売をしようとするときは、その冒頭に、「販売事業者の氏名又は名称」、「勧誘を行う者の氏名」、「商品等の種類」に加え、「契約の締結について勧誘を行うためのものであること」を告げなければならない。ただし、この規定には、直接罰はない（特定商取引法16条）。

イ　再勧誘等の禁止

事業者は、契約を締結しない旨の意思を表示した者に対し、勧誘を継続したり再勧誘をしてはならないとしている。ただし、この規定には、直接罰はない（特定商取引法17条）。

ウ　書面の交付

郵便等により契約の申込みを受けたとき又は売買契約等を締結したときは、遅滞（通常、3日から4日以内をいう。）なく、取引条件を記載した書面を交付することが義務付けられている（特定商取引法18条、19条）。

エ　前払い式電話勧誘販売における承諾等の通知

前払い式通信販売と同様に事業者は、商品等の引き渡しに先立って代金を受領した場合は、遅滞なく、申込者に対し諾否の通知をしなければならない（特定商取引法20条）。

オ　禁止行為

訪問販売と同様に購入者の意思決定を歪めるような重要事項について不実のことを告げること及び相手を威迫し困惑させるような行為をしてはならない（特定商取引法21条）。

(注)　具体的事例

① 不実告知行為

○ 勧誘時の例

- 国家資格になる予定がないにもかかわらず、「当協会が実施している資格制度はまもなく国家資格になる」といった説明を行うこと。
- 「今回選ばれた中であなただけがまだ申込みをしていない。早く申し込まないと他の人に迷惑がかかる」といって勧誘すること。
- 広く市販されているにもかかわらず、「この商品は当社でしか扱っていない」と告げること。
- 防湿効果がないのにもかかわらず、「この防虫剤は防湿の効果がある」との

説明を行うこと。
- ○ 契約の申込みの撤回又は解除を妨げるための例
  - 物の取り付け、設置の場合に、「もう材料をそろえてしまったので解除できない」と告げること。
  - 「クーリング・オフ期間は4日であり、既に4日が過ぎているので解除できない」と告げること。
  - 「あなたの個人的な都合でクーリング・オフすることはできない」と告げること。
  - 電話勧誘販売で契約しているのに、「この契約は電話勧誘販売に当たらないのでクーリング・オフは認められない」と告げること。
- ② 威迫・困惑行為
  - ○ 契約を締結させるための例
    - 申し込むと言うまで毎日職場に電話をかけてやる。
    - 申込みをしないなら上司に君がいい加減な奴だと言いつけてやるぞ。
  - ○ 契約の申込みの撤回又は解除を妨げるための例
    - この契約を解除したら後でどうなるかわかってるだろうな。
    - 他の業者に情報を流して何社からも勧誘の電話がかかるようにしてやるぞ。

第3 クーリング・オフ制度

1 クーリング・オフ

特定商取引法第2条に定義する「訪問販売」に該当する場合には、契約の申込みをした者又は契約を締結した者、及び「電話勧誘販売」に該当する場合には、郵便等によって書面を受領した場合等は、以下に掲げる場合を除き、書面により契約の申込みの撤回又は契約の解除を行うことができる（特定商取引法9条、24条）。

(1) 売買の商品が乗用自動車であるとき。
(2) 契約締結時の書面を受領した日（その日前に申込時の書面を受領した場合にあっては、その書面を受領した日）※から起算して8日を経過したとき。

(注) 1 「起算して8日を経過したとき」とは、書面を受領した日を含む8日間が経過したときの意味であるから、例えば4月1日に書面を受領していれば8日まではクーリング・オフができるが、9日以降はできない。
2 販売業者又は役務提供事業者が法定書面を交付しなかった場合は、クーリング・オフの起算日は進行しないことになることから、8日間の日数にこだわることなく、いつでもクーリング・オフをすることができる。
3 受領した申込時の書面又は契約時の書面にクーリング・オフができる旨が記載されていない等その要件が満たされていない書面は、法定書面とは認められないと考えられることから、クーリング・オフの起算日は進行せず、いつでもクーリ

ング・オフをすることができる。
(3) 申込時の書面又は契約時の書面を受領した場合において、指定商品のうちで更に消耗品として指定されたもの（化粧品等7品目）を使用し又はその全部若しくは一部を消費したとき。

 (注) 1 販売業者等が法定書面を交付しなかったことなどにより、申込時の書面又は契約時の書面を受領しなかった場合には、消耗品の全部又は一部を消費したときであっても8日間の日数にこだわることなくクーリング・オフをすることができる。
   受領した申込時の書面又は契約時の書面にクーリング・オフができる旨の記載がない等その要件が満たされていない場合についても同様である。
  2 受領した申込時の書面又は契約時の書面に「使用し又はその全部若しくは一部を消費したときは、クーリング・オフできない」旨の記載がなく、単に「クーリング・オフできる」旨記載されている場合は、消耗品以外の商品と同様に使用又は消費した場合であってもクーリング・オフができる。

(4) 現金取引（その場で商品を引き取り、かつ代金を全額支払う取引）の場合において、対価の総額が3,000円未満であるとき。

2 クーリング・オフの方法

申込みの撤回又は契約の解除は、書面を発したときにその効力を生じる（特定商取引法9条2項、24条2項）。したがって、申込みの撤回又は契約の解除を行うためには書面を発しなければならないが、書式は特に決められていないので、郵便はがき、封書でもよく手渡しでもよい。しかし、後日のトラブルを防止するため「配達証明付き内容証明郵便」を用いることが望ましい。

3 クーリング・オフの効果

クーリング・オフ権の行使によって、契約の申込みの撤回の場合には、申込者と業者との関係は、その申込みがはじめから存在しなかったと同様の状態に戻り、契約の解除の場合には、購入者若しくは役務の提供を受ける者（以下「購入者等」という。）と業者との関係は、両者の契約関係がはじめから存在しなかったと同様の状態に戻り、原状回復義務など、次の効果が生じる。

(1) 指定商品及び指定権利の売買契約の場合

 ア 既に商品の引渡し又は権利の移転がなされていれば、購入者等は販売業者にこれを返還し、代金の全部又は一部が授受されていればこれを返還することにより原状回復は完了する。その場合、商品の引取り又は権利の返還に要する費用は販売業者の負担となる。

 イ 既に権利の行使がなされたときにおいては、権利の販売業者は、権利の行使

　　　　によって得られた利益に相当する金銭の支払いを請求することはできない。
　　ウ　購入者等は、権利に係る役務の提供に伴って土地や建物等の原状が変更されたときは、権利の販売業者に対し、原状回復に必要な措置を無償で講ずることを要求することができる。
　(2)　指定役務の役務提供契約の場合
　　ア　既に役務の提供がなされたときにおいて、役務提供事業者は、役務の対価その他の金銭の支払いを請求することはできない。
　　イ　役務提供事業者は、役務提供契約に関連して金銭を受領しているときは、速やかに返還しなければならない。
　　ウ　購入者等は、役務の提供に伴って土地や建物等の原状が変更されたときは、役務提供業者に対し、原状回復に必要な措置を無償で講ずることを請求することができる。
　(3)　損害賠償又は違約金の請求
　　クーリング・オフによる申込みの撤回等に際し、販売業者又は役務提供事業者は、損害賠償又は違約金の支払いを請求することはできない。
　(4)　クーリング・オフに関する特約の効力
　　クーリング・オフに関する規定に反する特約で申込み者等に不利なものは、無効となる。

第4　訪問販売、電話勧誘販売における契約の解除等に伴う損害賠償等の額の制限

　消費者の代金支払いの遅延等を理由に、その契約中の損害賠償等の定めをたてに法外な損害賠償金を請求される例がある。これを放置すれば、販売業者又は役務提供事業者が自分に有利な方向で問題を解決するおそれがあるので、損害の賠償等の請求上限額が定められている（特定商取引法10条、25条）。ただし、この規定は、割賦販売等で訪問販売、電話勧誘販売に該当するものについては適用されず（特定商取引法26条4項及び6項）、その場合には、同様の規定を置いている割賦販売法が適用される。

第5　除外規定

1　訪問販売

　「訪問販売」の取引形態で指定商品、指定権利の販売又は指定役務の提供（以下

「指定商品の販売等」という。)であっても、次のいずれかに該当する場合には、特定商取引法の規定(業者の行為規制、クーリング・オフ制度等)は適用されない(ただし、(6)及び(7)については、業者の会社名、販売する商品の種類等の明示義務(特定商取引法3条)は適用される。)(特定商取引法26条1項、2項)。

(1) 契約の申込みをした者又は購入者若しくは役務の提供を受ける者が「営業のために」又は「営業として」締結するものに係る指定商品の販売等

(2) 外国にいる者に対する指定商品の販売等

(3) 国又は地方公共団体が行う指定商品の販売等

(4) 特別法に基づく組合、公務員の職員団体又は労働組合が、その直接又は間接の構成員に対して行う指定商品の販売等

(5) 事業者が従業員に対して行う指定商品の販売等

(6) 業者に自らの住居に来訪して契約を締結するよう要請した者に対する指定商品等の販売等

(7) 日常生活上通例となっている訪問販売

　ア　店舗で販売又は役務の提供を行っている業者(以下「店舗業者」という。)が、定期的に住居を巡回訪問し、契約を締結して行うもの(いわゆるご用聞き販売)。

　イ　店舗業者が顧客(当該訪問の日前1年間に、当該販売又は役務の提供の事業に関して、取引のあった相手方)に対してその住居を訪問して行うもの。

　ウ　店舗業者以外の業者が継続的取引関係にある顧客(当該訪問の日前1年間に、当該販売又は役務の提供の事業に関して、2以上の訪問につき取引のあった相手方)に対してその住居を訪問して行うもの。

　エ　他人の事務所その他の事業所に所属する者に対し、その事業所の管理者の書面による承認を受けて行うもの。

2　電話勧誘販売

「電話勧誘販売」の取引形態については、前記の「訪問販売」に関する(1)から(5)までの規定は同様の趣旨で除外規定となっている。

また、次のいずれかに該当する場合には特定商取引法の規定は適用されない。ただし、第16条(氏名等の明示)、第17条(契約を締結しない旨の意思を表示した者に対する勧誘の禁止)及び第20条(承諾等の通知)の規定については適用される(特定商取引法26条1項、3項)。

(1) 売買契約、役務提供契約の申込みをし又は売買契約、役務提供契約を締結するために電話をかけることを請求した者

適用除外となるのは、あくまでも「契約の申込み又は契約の締結をするために」事業者に電話をかけることを請求した場合であり、消費者が単に商品等の問い合わせを目的として事業者からの電話を請求した場合については、適用除外とはならない。

(2) 日常生活上通例となっている電話勧誘販売

継続的取引関係にある顧客（当該勧誘の日前1年間に、当該販売又は役務の提供の事業に関して、2以上の取引があった相手方）に対して電話をかけ、その電話において行うもの。

第6　相談受理に当たって注意すべき事項

　クーリング・オフ制度は、法が消費者に与えた中心的な権利であり、この制度を効果的に活用して相談の受理に当たるべきである。

　そのためには、クーリング・オフが可能であるかどうかの要件を正しく理解しておくことが必要である。

別表

指定商品（特定商取引法施行令別表第１）

番号	指定商品	分類	具体例
1	動物及び植物の加工品（一般の飲食の用に供されないものに限る。）であって、人が摂取するもの（医薬品（薬事法（昭和35年法律第145号）第２条第１項の医薬品をいう。以下同じ。）を除く。）		いわゆる「健康食品」等と呼ばれているもので、にんにくの加工品（にんにく末、にんにくエキス等）、きのこ類の抽出物（しいたけエキス、さるのこしかけエキス等）、はとむぎ茶、クコ茶等のいわゆる健康茶、クコ、コンフリー、柿の葉、びわの葉、くまざさの粉末等の乾燥品、薬用ニンジン及びその加工品（エキス、茶等）、玄米胚芽、小麦胚芽、麦芽等の乾燥品、クロレラの乾燥品及び大豆などのたん白濃縮物、魚油及びその類似品（八ツ目のせい、深海ざめエキス等）、花粉、酵素を主原料とする加工品
2	犬及び猫並びに熱帯魚その他の観賞用動物	犬 猫 観賞用動物	 かなりや、せきせいいんこ、文鳥、金魚、錦鯉、熱帯魚
3	盆栽、鉢植えの草花その他の観賞用植物（切花及び切枝並びに種苗を除く。）		盆栽、観葉室内植物、一年生及び多年生植物の鉢植え
4	障子、雨戸、門扉その他の道具		格子戸、板戸、ガラス戸、ふすま、障子、雨戸、網戸、門扉
5	手編み毛糸及び手芸糸	手編み毛糸 手芸糸	 レース糸、刺しゅう糸
6	不織布及び幅13センチメートル以上の織物	不織布 綿織物 亜麻織物 ちょ麻織物 そ毛織物 紡毛織物 絹織物 レーヨン長繊維織物 レーヨン短繊維織物 キュプラ長繊維織物 その他キュプラ短繊維織物等	 かなきん、ローン、粗布、細布、てんじく、ポプリン、ネル、綿絹、ボイル 帆布、しん地、洋服地、シャツ地、ハンカチ地、かや地、ティッシュタオル地 サンクロス、ヘヤーライン、ベネッシャン、フラノ、シャークスキン、サキソニー、ポーラ、ポプリン、ジャージ ツイード、ホームスパン、フラノ、メルトン、サキソニー、ファンシーヤン織 タフタ、シャンタン、朱子、オーガンジー、ファイユ、パイル織ネクタイ地、服地、コート地、冨士絹 平地、ツイル、朱子、オーガンジー、ネクタイ地、服裏地、夜具地、羽二重、塩瀬、クレープ ネル、厚織、変り織、ガーゼ地、夜具地、ゆかた地、タオル地 銘仙、糸織、お召、パイル織、夜具地、丹前地 はかま地、コート地、ちりめん

番号	指定商品	分類	具体例
7	真珠並びに貴石及び半貴石	真珠 貴石及び半貴石 貴石 半貴石	天然、養殖等の別を問わない。 一般に「宝石類」を示す。 ダイヤモンド、ルビー、サファイヤ、クリソベリル、トパーズ、ベリル、ジルコン、ガーネット 水晶、さんご、こはく、アメジスト
8	金、銀、白金その他の貴金属		金、銀、白金、イリジウム、オスミウム、パラジウム、ロジウム及びこれらの合金
9	太陽光発電装置		
10	ペンチ、ドライバーその他の作業工具及び電気ドリル、電気のこぎりその他の電動工具	作業工具 電動工具	ペンチ、ドライバー、レンチ、スパナ、プライヤー 電気ドリル、電気のこぎり、電気かんな、電気みぞ切り機、電気ドライバー
11	家庭用ミシン及び手編み機械		
12	ぜんまい式のタイマー、家庭用ばね式指示はかり及び血圧計	ぜんまい式のタイマー 家庭用ばね式はかり 血圧計	ヘルスメーター、ベビーメーター、キッチンスケール
13	時計		腕時計、置時計、目覚まし時計、旅行時計、掛時計、ストップウォッチ、タイムスイッチ付時計
14	望遠鏡、双眼鏡及び生物顕微鏡		
15	写真機械器具	カメラ 写真用品 その他の写真機械器具	 フィルター、三脚、セルフタイマー、距離計、露出計、フード、ケース、フラッシュガン 交換レンズ、引伸機、現像焼付及び仕上用器具、スライド映写器具、オーバーヘッドプロジェクター
16	映画機械器具及び映画用フィルム（八ミリ用のものに限る。）	映画機械器具 映画フィルム	八ミリ撮影機、八ミリ映写機、映画スクリーン、八ミリリール、八ミリマガジン、八ミリ映写レンズ 撮影用八ミリフィルム、現像した八ミリフィルム
17	複写機及びワードプロセッサー		
18	乗車用ヘルメットその他の安全帽子、繊維製の避難はしご及び避難ロープ並びに消火器及び消火器用消火薬剤	安全帽子 繊維製の避難はしご 繊維製の避難ロープ 消火器 消火器用消火薬剤	乗用車ヘルメット、作業用ヘルメット、防災ずきん
19	ガス漏れ警報器及び防犯警報器	ガス漏れ警報器 防犯警報器	 防犯ベル、防犯ブザー

番号	指定商品	分類	具体例
20	はさみ、ナイフ、包丁その他の利器及びのみ、かんな、のこぎりその他の工匠具	利器 工匠具	はさみ、ナイフ、包丁、理髪はさみ、かみそり、バリカン、つめ切り のみ、かんな、のこぎり、きり、金づち
21	ラジオ受信機、テレビジョン受信機、電気冷蔵庫、エアコンディショナーその他の家庭用電気機械器具、照明器具、漏電遮断器及び電圧調整器	家庭用電気機械器具 照明器具 漏電遮断器 電圧調整器	ラジオ受信機、テレビジョン受信機、ステレオ、レコードプレイヤー、コンパクトディスクプレーヤー、ビデオディスクプレーヤー、ステレオ用アンプ、スピーカー、ヘッドホン、テープレコーダー、ビデオテープレコーダー、マイクロフォン、アンテナ、トイ・トランシーバー、電気アイロン、電気ストーブ、電気こたつ、電気毛布、電気がま、電子レンジ、トースター、衣類乾燥機、電気冷蔵庫、エアーコンディショナー、扇風機、電気掃除機、電気井戸ポンプ、ヘヤードライヤー、ジュースミキサー、電動式鉛筆削り機、電気かみそり、電気式の美容器具、ドアチャイム、タイムスイッチ、ヒートパネル、電気カーペット、脱臭用換気扇、家庭用サウナ 白熱電灯器具、けい光灯器具、水銀灯器具、懐中電灯 漏電ブレーカー 節電器
22	電話機、インターホン、ファクシミリ装置、携帯用非常無線装置及びアマチュア無線用機器	電話機 インターホン ファクシミリ装置 携帯用非常無線装置 アマチュア無線用機器	ダイヤル式電話機、プッシュ式電話機、コードレス電話機、多機能電話機 無線ペンダント、非常用通報送信機
23	超音波を用いてねずみその他の有害動物を駆除する装置		超音波ねずみ駆除機、超音波防虫機
24	電子式卓上計算機並びに電子計算機並びにその部品及びその附属品	電子式卓上計算機 電子計算機部品及び附属品	パソコン、マイコン
25	乗用自動車及び自動二輪車（原動機付自転車を含む。）並びにこれらの部品及び附属品	乗用自動車 自動二輪車 部品及び附属品	オートバイ、スクーター、原動機付自転車 自動車用灯火、窓ふき装置、警音器、冷・暖房装置、座席ベルト、タイヤチェーン、非常用信号用具、サンバイザー
26	自転車並びにその部品及び附属品	自転車 部品及び附属品	実用車、スポーツ車、ミニサイクル、身障者用三輪車 ハンドル、警音器、バックミラー、ランプ、方向指示器
27	ショッピングカート及び歩行補助車	ショッピングカート 歩行補助車	老人用手押し車（座席付きショッピングカート型のもの）

番号	指定商品	分類	具体例
28	れんが、かわら及びコンクリートブロック並びに屋根用のパネル、壁用のパネルその他の建築用パネル	れんが かわら コンクリートブロック 建築用パネル	
29	眼鏡並びにその部品及び附属品並びに補聴器	眼鏡 部品及び附属品 補聴器	近眼鏡、老眼鏡 眼鏡用レンズ、眼鏡わく、眼鏡ケース
30	家庭用の医療用吸入器、電気治療器、バイブレーター、指圧代用器、温きゅう器、磁気治療器、医療用物質生成器及び近視眼矯正器	家庭用医療用吸入器 家庭用電気治療器 家庭用バイブレーター 家庭用指圧代用器 家庭用温きゅう器 家庭用磁気治療器 家庭用医療用物質生成器 家庭用近視眼矯正器	光線治療器（赤外線治療器、紫外線治療器）、電位治療器、低周波治療器、浴用超音波装置、浴用電気泡発生器、電気医療フトン 電気あんま器、電気肩たたき 電気温きゅう器 磁気健康帯、磁気マット、磁気ネックレス カルシウムイオン水製造器、マイナスイオン発生器 視力回復器
31	コンドーム、生理用品及び家庭用の医療用洗浄器	コンドーム 生理用品 家庭用の医療用洗浄器	生理用紙綿、タンポン ビデ、口腔洗浄器
32	防虫剤、殺虫剤、防臭剤及び脱臭剤（医薬品を除く。）並びにかび防止剤及び防湿剤	防虫剤 殺虫剤 防臭剤 脱臭剤	ナフタリン、しょうのう
33	化粧品、毛髪用剤及び石けん（医薬品を除く。）、浴用剤、合成洗剤、洗浄剤、つや出し剤、ワックス、靴クリーム並びに歯ブラシ	化粧品 毛髪用剤 石けん 浴用剤 合成洗剤 洗浄剤 つや出し剤 ワックス 靴クリーム 歯ブラシ	香水、オーデコロン、シャンプー、ヘアリンス、整髪料、クリーム、乳液、化粧水、パウダー、ファンデーション、おしろい、口紅、アイシャドウ、日焼け止め及び日焼け用クリーム、シェービングクリーム、デオドランド 養毛剤、染毛剤、除毛剤 浴用石けん、洗濯石けん、繊維用石けん クレンザー、ガラス磨き剤 家具用つや出し剤 自動車用ワックス 靴墨、靴クリーナー
34	衣服	下着 寝着 外衣	アンダーシャツ、パンツ、ずぼん下、パンティ、シュミーズ、ペチコート 寝巻き、パジャマ、ナイトガウン、ネグリジェ 背広服、制服、作業服、スポーツ服、オーバーコート、スプリングコート、ずぼん、ポ

番号	指定商品	分類	具体例
			ロシャツ、ワイシャツ、婦人用ドレス、スーツ、ホームドレス、ブラウス、スカート、レインコート
		和服	長着、羽織じゅばん、帯、はかま、コート
		靴下	男子用くつ下、婦人用くつ下、子供用くつ下
		たび	男子用たび、婦人用たび、子供用たび
		帽子	男子用帽子、婦人用帽子、子供用帽子
		手袋	外出用手袋、作業用手袋
		毛皮製衣服	えりまき、コート、ジャケット、ストール
35	ネクタイ、マフラー、ハンドバッグ、かばん、傘、つえ、サングラス（視力補正用のものを除く。）その他の身の回り品、指輪、ネックレス、カフスボタン、その他の身辺細具、喫煙具及び化粧用品	身の回り品	ハンカチ、ネクタイ、マフラー、スカーフ、ネッカチーフ、ショール、コルセット、ガーターベルト、ブラジャー、衛生バンド、衛生パンツ、おしめカバー、エプロン、ハンドバッグ、札入れ、がま口、名刺入れ、通勤用カバン、通学用カバン、旅行用カバン、リボン、カラー帯留め、帯上げ、ずぼんつり、靴下止め、アームバンド、衣服用バンド、傘、つえ、サングラス、ふろしき、扇子
		装身具	指輪、ネックレス、腕輪、ブローチ、イヤリング、カラーボタン、カフスボタン、服ボタン、ネクタイ止め、ネクタイピン、ローザリー、徽章、キーホルダー、造花
		喫煙具	ライター、たばこケース、パイプ
		化粧用具	コンパクト、香水スプレー
36	履物		革靴、長靴、通勤靴、げた、ぞうり、サンダル、スリッパ、布靴
37	床敷物、カーテン、寝具、テーブル掛け、タオルその他の家庭用繊維製品及び壁紙	床敷物	じゅうたん、カーペット、花むしろ、毛皮製敷物
		カーテン	
		寝具	寝具掛け、夜具、上掛け、毛布、敷布、枕カバー、枕
		テーブル掛け及び関連製品	テーブル掛け、繊維製ナプキン、テーブルドイリー
		タオル及び関連製品	タオル、ハンドタオル、バスタオル、バスマット
		その他の家庭用繊維製品	クッション、座ぶとん、座ぶとんカバー、かや等、布団カバー、いすカバー
		壁紙	
38	家具及びついたて、びょうぶ、傘立て、金庫、ロッカーその他の装飾品並びに家庭用洗濯用具、屋内装飾品その他の家庭用装飾品	家具	たんす、戸だな、本箱、書だな、飾りだな、げた箱、衣類整理箱、和裁箱、レコードキャビネット、机、テーブル、鏡台、調理台、流し台、ガス台、座いす、スツール、いす、ベッド、マットレス
		装飾品	ついたて、びょうぶ、傘立て、金庫、ロッカー、器物台
		家庭用洗濯用具	アイロン台、ものほし器、ものほしざお
		屋内装飾品	花器、茶器、置物（壺、多宝塔）、額縁（手型・定型額・声のでる額）、壁掛け、宝石画
		その他の家庭用装飾品	掃除機、くずかご（ゴミバケツ）、ふろ場用品

番号	指定商品	分類	具体例
			（ラドン等）、衣装袋、ハンガー、芝刈り機、じょうろ、植木鉢、鳥かご、郵便箱、表札、ガス節約器、電話器芳香器、茶器、錠、物置セット、サニールーム、テラス、バルコニー、ベランダ、カーポート
39	ストーブ、温風機その他の暖房用具、レンジ、天火、こんろその他の料理用具及び湯沸器（電気加熱式のものを除く。）、太陽熱利用冷温熱装置並びにバーナーであって除草に用いることができるもの	暖房用具 料理用具 湯沸器 太陽熱利用冷温熱装置 バーナーであって除草に用いることができるもの	ガスストーブ、石油ストーブ、ガス又は石油温風暖房器、太陽熱温水器、利水温水器 ガスレンジ、ガスオーブン、ガスコンロ、ガス自動炊飯器 ガス瞬間湯沸器、貯湯湯沸器、給油器ユニット、ふろがま 家庭用ソーラーシステム 家庭用草取りバーナー
40	浴槽、台所流し、便器、浄化槽、焼却炉その他の衛生用の器具又は設備並びにこれらの部品及び附属品	衛生用の器具又は設備 部品及び附属品	浴槽、台所流し、便器（ポータブル便器等）、簡易水洗便器、浄化槽の蓋、簡易焼却炉、シャワー、洗面化粧台、臭突、浄水器 シャワー口、蛇口、水洗トイレのボールタップ
41	融雪機その他の家庭用の融雪設備		
42	なべ、かま、湯沸かしその他の台所用具及び食卓用ナイフ、食器、魔法瓶その他の食卓用具	台所用具 食卓用具	なべ、かま、湯沸かし、フライパン、コーヒー沸かし、ボウル、計量スプーン、計量カップ、米びつ、果物しぼり器、削り器 食卓用ナイフ、食器類、魔法瓶、スプーン、フォーク、盆、茶托、きゅうす、重箱
43	囲碁用具、将棋用具その他の室内娯楽用具		囲碁用具、将棋用具、マージャン用具、トランプ、チェス、花札、カルタ
44	おもちゃ及び人形	おもちゃ 人形	積木、おもちゃ楽器、ままごとセット、プラモデル、テレビゲーム 日本人形、西洋人形、こけし、ひな人形、五月人形
45	釣漁具、テント及び運動用具	釣漁具 テント 運動用具	釣竿、釣糸、リール、クーラー 野球、バスケットボール、バレーボール、サッカー、テニス、ピンポン、バドミントン、ゴルフ、スキー、弓道、剣道、体操、登山等の用具、バーベル、エキスパンダー、ルームランナー、健康・美容自転車
46	滑り台、ぶらんこ、鉄棒及び子供用車両	すべり台、ぶらんこ、鉄棒 子供用車両	 幼児歩行車、三輪車、乳母車、ペダル式自転車
47	新聞紙（株式会社又は有限会社の発行するものに	新聞紙 雑誌	 一般教養誌、総合誌、学術誌、芸能誌、ス

番号	指定商品	分類	具体例
	限る。）、雑誌、書籍及び地図	書籍	ポーツ誌、家庭向け雑誌 事典、全集物、単行本、写真集、問題集、人事興信録
		地図	一般地図、交通図、観光図
48	地球儀、写真（印刷したものを含む。）、並びに書画及び版画の複製品	地球儀 写真 書画及び版画の複製品	ブロマイド、ポスター、パネル、絵はがき
49	磁気記録媒体並びに蓄音機用レコード及び磁気的方法又は光学的方法により音、影像又はプログラムを記録した物	磁気記録媒体	未記録のテープレコーダー用テープ、ビデオテープレコーダ用テープ、フロッピーディスク
		レコードプレーヤー用レコード 記録した物	テープレコーダー用テープ、ビデオテープレコーダー用テープ、コンパクトディスク、レーザーディスク、コンピューター用ソフト
50	シャープペンシル、万年筆、ボールペン、インクスタンド、定規その他これらに類する事務用品、印章及び印肉、アルバム並びに絵画用品	事務用品	シャープペンシル、万年筆、ボールペン、インクスタンド、定規、鉛筆、色鉛筆、毛筆、墨、筆入れ、鉛筆削り器
		印章・印肉 アルバム 絵画用品	
51	楽器		ピアノ、オルガン、管楽器、弦楽器、打楽器、電子オルガン、電気ギター、和楽器
52	かつら		
53	神棚、仏壇及び仏具並びに祭壇及び祭具	神棚 仏壇及び仏具 祭壇及び祭具	仏壇、位はい、仏具台、香盤、輪台、木魚
54	砂利及び庭石、墓石その他の石材製品	砂利 石材製品	庭石、墓石、門柱、石碑、石像
55	絵画、彫刻その他の美術工芸品及びメダルその他の収集品	美術工芸品 収集品	絵画、彫刻、書跡、甲冑、刀剣 メダル、コイン

（注）　──で示された商品は、使用若しくは一部を消費した場合に、クーリング・オフができなくなります。

指定権利（特定商取引法施行令別表第２）

番号	指定権利	分類	具体例
1	保養のための施設又はスポーツ施設を利用する権利	保養のための施設利用権 スポーツ施設利用権	リゾートクラブ会員権 ゴルフ会員権、スポーツ会員権
2	映画、演劇、音楽、スポーツ、写真又は絵画、彫刻その他の美術工芸品を鑑賞し、又は観覧する権利		
3	語学の教授を受ける権利		英会話サロン利用権

指定役務（特定商取引法施行令別表第３）

番号	指定役務		分類	具体例
1	庭の改良			庭石の据付け、植木の植付け
2	物品の貸与			
	イ	家庭用ミシン		
	ロ	複写機及びワードプロセッサー		別表第１第16号参照
	ハ	消火器		別表第１第17号参照
	ニ	家庭用の医療用洗浄器		別表第１第30号参照
	ホ	ラジオ受信機、テレビジョン受信機、電気冷蔵庫、エアコンディショナーその他の家庭用電気機械器具及び電圧調整器		別表第１第20号参照
	ヘ	電話機及びファクシミリ装置		別表第１第21号参照
	ト	電子計算機		別表第１第23号参照
	チ	家庭用の電気治療器、磁気治療器及び近視眼矯正器		別表第１第29号参照
	リ	衣服		別表第１第33号参照
	ヌ	寝具		別表第１第36号参照
	ル	浄水器		
	ヲ	楽器		別表第１第41号参照
3	保養のための施設又はスポーツ施設を利用させること。			
4	住居又はエアコンディショナー、換気扇、床敷物、布団、太陽熱利用冷温熱装置、ふろがま、浴槽若しくは排水管の清掃		住居の清掃 換気扇の清掃 床敷物の清掃 太陽熱利用冷温熱装置の清掃 ふろがまの清掃 浴槽の清掃	天井、内壁、窓、床等の清掃 別表第１第36号参照 別表第１第38号参照

番号	指定役務		分類	具体例
5	人の皮膚を清潔にし若しくは美化し、体型を整え、又は体重を減ずるための施術を行うこと。			美顔、除毛、痩身、姿勢矯正、減量
6	墓地又は納骨堂を使用させること。			墓地又は納骨堂の永代使用
7	眼鏡若しくはかつらの調製又は衣服の仕立て		眼鏡の調製	
			かつらの調製	
			衣服の仕立て	背広、着物等の仕立て
8	物品の取付け又は設置			
		イ	障子、雨戸、門扉その他の建具	別表第1第4号参照
		ロ	太陽光発電装置	
		ハ	家庭用の医療用洗浄器	別表第1第30号参照
		ニ	ラジオ受信機、テレビジョン受信機、電気冷蔵庫、エアコンディショナーその他の家庭用電気機械器具、照明器具、漏電遮断器及び電圧調整器	別表第1第20号参照
		ホ	電話機、インターホン、ファクシミリ装置及びアマチュア無線用機器	別表第1第21号参照
		ヘ	れんが、かわら及びコンクリートブロック並びに屋根用のパネル、壁用のパネルその他の建築用パネル	別表第1第27号参照
		ト	浴槽、台所流し、便器、浄化槽、焼却炉その他の衛生用の器具又は設備	別表第1第39号参照
		チ	融雪機その他の家庭用の融雪設備	
9	結婚又は交際を希望する者への異性の紹介			結婚情報サービス、恋人紹介サービス
10	易断を行うこと。			
11	映画、演劇、音楽、スポーツ、写真又は絵画、彫刻その他の美術工芸品を鑑賞させ、又は観覧させること。			
12	家屋、門若しくは塀又は太陽光発電装置、家庭用ミシン、換気扇、履物、畳、布団若しくは太陽熱利用冷温熱装置の修繕又は改良		家屋の修繕又は改良	外装、玄関、屋根の修理、外壁の塗装
			門の修繕又は改良	
			塀の修繕又は改良	
			家庭用ミシンの修繕又は改良	足踏式を電動式に改良
			換気扇の修繕又は改良	
			布団の修繕又は改良	布団の打ち直し

番号	指定役務	分類	具体例
13	プログラムを電子計算機に備えられたファイルに記録し、又は記録させること。		
14	名簿、人名録その他の書籍（磁気ディスク（これに準ずる方法により一定の事項を確実に記録しておくことができる物を含む。）をもって調製するものを含む。）、新聞又は雑誌への氏名、経歴その他の個人に関する情報の掲載若しくは記録又はこれらに掲載され若しくは記録された当該情報の訂正、追加、削除若しくは提供		
15	家屋における有害動物又は有害植物の防除	有害動物の防除	蚊、ゴキブリ、シロアリ、家ネズミの防除
		有害植物の防除	カビ、キノコの防除
16	住宅への入居の申込み手続の代行		公団住宅申込代行
17	技芸又は知識の教授	技芸の教授	洋裁、和裁、着物着付け、手芸、生花、舞踊、舞踏等の教授
		知識の教授	学習塾、家庭教師、資格取得講座

❶ 消耗品に対するクーリング・オフ

> 問1　化粧品のセールスマンが自宅に来たので、クリーム、化粧水、口紅等の化粧品セットを購入しました。この中でクリームは少し使用したのですが、他は使用していないので、電話で契約書に記載されていたクーリング・オフ期間内に契約の解除を申し出たところ、販売業者から「クリームを使用しているので化粧品セット全体をクーリング・オフすることはできない」と断られてしまいましたが、本当でしょうか。

―ポイント―
1　化粧品等の消耗品を使用し又は全部若しくは一部を消費したときは、クーリング・オフはできない。
2　消耗品の使用又は消費の有無は、セット商品については通常販売されている最小単位を基準として判断される。

・・・●回　答●・・・

　化粧品の場合は、契約締結時の書面に、「使用し又はその全部若しくは一部を消費したときは、クーリング・オフできない」旨が記載されていれば、その一部を使用したときにはクーリング・オフはできないことになっています。この場合、使用してしまったクリームについてはクーリング・オフはできませんが、他の商品についてはクーリング・オフをすることは可能です。

　クーリング・オフは書面で行う必要がありますから、契約締結時の書面を受領した日から8日以内に配達証明付きの内容証明郵便で契約解除の通知を出してください。

　もし、契約締結時の書面を受領した日から8日を過ぎている場合には、民事法上の契約解除の手続によることとなりますので、詳しくは最寄りの消費生活センター等に相談してください。

　なお、契約締結時の書面に単に、「この商品はクーリング・オフできる」旨の記載しかない場合は、化粧品の一部を使用していても8日以内であれば、セット全体についてクーリング・オフができますのでご注意ください。

---【解　説】---

1　特定商取引法の適用

　事例にある取引形態は、販売業者のセールスマンが消費者の自宅（営業所等以外の場所）を訪問して化粧品（特定商取引法施行令別表第1第33号にある指定商品）を販売していることから、特定商取引法上の「訪問販売」に該当し、また、除外規定にも当たらないため、特定商取引法の規定が適用される（本章第2、1、(1)参照）。

2　消耗品に対するクーリング・オフ

　消耗品については、一度開封したり、その一部を使用あるいは消費しただけでその商品価値が全くなくなってしまうものが多い。そのため、このように商品価値が全くなくなってしまった商品までもクーリング・オフが可能とすることは業者に大きな負担を強いることになることから、このような商品に限って一定の要件に該当する場合はクーリング・オフができないと規定されている（特定商取引法9条1項2号、24条1項2号）。

　消耗品でクーリング・オフができない場合の要件は、

　①　申込時の書面又は契約時の書面を受領していること。
　②　政令で指定されている商品（消耗品）であること。
　③　消耗品を使用し又は全部若しくは一部を消費したこと。

である。

　①については、申込時の書面又は契約時の書面を受領しなかった場合、あるいは受領した申込時の書面又は契約時の書面にクーリング・オフに関する事項の記載がない場合

には、消耗品の全部又は一部を消費したときであっても8日以内という期間に関係なくクーリング・オフができる。また、受領した申込時の書面又は契約時の書面に「使用し又はその全部若しくは一部を消費したときは、クーリング・オフできない」旨記載されておらず、単に「クーリング・オフできる」旨記載されている場合は、消耗品以外の商品と同様に8日以内であれば使用又は消費した場合であってもクーリング・オフができる（本章第3、1、(3)参照）。

②については、次の7品目が指定されている（特定商取引法施行令5条）。
- 動物及び植物の加工品（一般の飲食の用に供されないものに限る。）であって、人が摂取するもの（医薬品を除く。）
- 不織布及び幅が13センチメートル以上の織物
- コンドーム及び生理用品
- 防虫剤、殺虫剤、防臭及び脱臭剤（医薬品を除く。）
- 化粧品、毛髪用剤及び石鹸（医薬品を除く。）、浴用剤、合成洗剤、洗浄剤、つや出し剤、ワックス、靴クリーム並びに歯ブラシ
- 履物
- 壁紙

③については、一般的に商品価値の回復が困難になったときと考えられ、容易に梱包し直せる商品の梱包を破いてしまっただけでは該当しないが、密封されている商品の密封を開けた場合（例えば、缶詰を開けたときなど）は該当する。また、セット商品の場合には、通常販売されている商品の最小単位を基準として判断され、事例のような化粧品セットの場合は、使用してしまったクリームについてはクーリング・オフはできないが、使用していない他の商品（化粧水、口紅等）についてはクーリング・オフが可能である。

3 民事法上の契約解除
問3参照

❷ 指定商品と非指定役務とが一体となった契約におけるクーリング・オフ

> 問2　自宅に訪問してきたセールスマンと英会話ビデオの購入と海外旅行とが一体となった契約をしたが、3日後に契約の解除を申し出たところ、「業者から英会話ビデオについては解約するが、海外旅行については解約することはできない」と断られました。全部の契約を解除することはできないのでしょうか。

―ポイント―
　指定商品と非指定役務とが一体となった契約については、契約全体をクーリング・オフすることができない場合がある。

●●●回　答●●●

　英会話ビデオについては特定商取引法が適用され、契約解除について記載した契約締結時の書面を受領した日から8日以内であれば契約を無条件で解除することが可能です。しかし、海外旅行については特定商取引法が適用されませんから、業者のいうとおり特定商取引法の規定による解約、これをクーリング・オフといいますが、この制度による解約はできないので民事法上の手続によることになります。詳しいことについては最寄りの消費生活センター等へ相談してください。

【解　説】

　クーリング・オフは原則として特定商取引法に係る指定商品、指定権利及び指定役務に適用されるものであるから、事例の場合、英会話ビデオ（特定商取引法施行令別表第1第49号に該当する指定商品）の売買契約についてはクーリング・オフが可能であるが、同時に契約の一部を構成する海外旅行（非指定役務）についてクーリング・オフができるか否かについては問題がある。

　経済産業省の解釈によれば、

① 商品と役務との独立性が高いとき、つまり、商品と役務との間に直接的な関連性が薄く、相互にそれほど影響を及ぼすおそれがない場合には、指定商品の売買契約

の部分についてクーリング・オフをすることができ、契約全体をクーリング・オフすることはできないと考えられる。

② 商品と役務との間に密接な関連性があるとき、つまり、商品の中の重要な部分として役務が組み込まれていて、商品の売買契約をクーリング・オフすると役務の提供が無意味になるような場合は、契約全体をクーリング・オフすることはできると考えられる

としている。

したがって、事例の場合には、前記①に該当する可能性が高いことから、海外旅行についてはクーリング・オフはできないと考えられる。

いずれにしても、事例のような契約におけるクーリング・オフに関する相談に際しては、断言することを避け、最寄りの消費生活センター等へ相談することを教示すべきである（問3参照）。

❸ 押し付け商法

> 問3 2日前、作業服を着て自宅に訪ねてきたセールスマンが、「ガス漏れ警報器を取り付けに来ました。近所は皆取り付けてあるんですよ」と言って勝手に台所に上がり込んでガス漏れ警報器を取り付けた上、代金を請求してきたので仕方なく代金2万円を支払って契約締結時の書面を受け取りました。しかし、翌日、不要と思い解約の書面を内容証明郵便で郵送したのですが、業者は「そのうち返す」と言うだけで一向に返してくれません。どうしたらよいのでしょうか。

―ポイント―
業者がクーリング・オフに応ぜず商品代金を返還しない場合は、民事法上の手続によって解決を図ることになる。

・・・●回　答●・・・

　特定商取引法のクーリング・オフの規定の適用があり、一方的に解約することが可能であるにもかかわらずどうしても業者がこれに応じない場合は、内容証明郵便による支払請求、支払命令の申立て、訴訟の提起など民事法上の手続によって解決を図ることになりますので、詳しいことについては最寄りの消費生活センターや弁護士等に相談してください。

　なお、セールスマンの行為は、法律に違反する可能性もあることから、担当係を紹介しますので、契約書や内容証明郵便などを持って○○課（○○警察署）を訪ねてください。

―【解　説】―

　事例のように、家人の依頼や承諾がないのに勝手に家に上がり込んで商品を取り付けて代金を請求したり、暴力的性行をほのめかすなど不安又は困惑を覚えさせるような言動をして商品を販売する商法を「押し付け商法」と呼んでいる。

1　特定商取引法の適用

　事例の取引形態は、販売業者が消費者の自宅（営業所等以外の場所）を訪問してガス漏れ警報器（特定商取引法施行令別表第1第19号に該当する指定商品）を販売している

ことから、特定商取引法上の「訪問販売」に該当し、また、適用除外にも該当しないため特定商取引法の規定が適用される。

2 クーリング・オフ制度

事例の場合は、クーリング・オフ期間（8日間）内であることからクーリング・オフは可能である。したがって、クーリング・オフがなされた場合、その効果として、業者が商品の代金を受領しているときは、これを消費者に返還しなければならない（本章第3、3、(1)参照）。

3 クーリング・オフの方法

申込みの撤回及び契約の解除は、「書面を発したときにその効力を生じる。」としている（特定商取引法9条2項）。したがって、申込みの撤回、契約の解除を行うためには書面によらなければならないが、書式は特に定められていないので、郵便はがき、封書でもよく手渡しでもよいが、後日のトラブルを防止するため、配達証明付き内容証明郵便を用いることが望ましい。

4 民事法上の解決

クーリング・オフ制度が活用できる場合であれば、早期解決が図れることになるが、クーリング・オフ制度が活用できない場合（例えば、取引の対象が指定商品、指定権利及び指定役務に該当しない場合、クーリング・オフ期間が過ぎた場合など）、あるいは業者がクーリング・オフに応じない場合は、和解、調停及び民事訴訟等の民事法に規定されている手続によってその解決を図ることになる。

事例のように、業者に既払い金を返還する意思がうかがえないときは、

① 内容証明郵便による支払請求
② 支払命令の申立て
③ 訴訟の提起

などにより、その権利の実現を図ることになるので、最寄りの消費生活センター等や弁護士への相談を教示すべきである。

5 参 考

押し付け商法の場合、強引な手段を用いていることから、都道府県の押売（迷惑）防止条例等の法律に抵触する場合が多いので、相談内容を詳細に検討する必要がある。

④ 工事商法

> 問4　セールスマンが自宅を訪ねてきて、自宅の外壁工事をさかんに勧誘するので契約をしてしまいました。工事はまだ始まっておらず代金もまだ支払っていませんが、他の業者と比較すると工事代金が高いようなので、2日経過してから、契約締結時の書面に書いてある電話番号に電話をして解約を申し出たところ、工事代金の2割の解約金を請求されました。解約金を支払わなければならないのでしょうか。

―ポイント―
　特定商取引法上のクーリング・オフが可能な場合には、業者のいう解約金を支払う必要がない。

・・・回　答・・・

　今話された内容の取引は、特定商取引法が適用され、契約締結時の書面を受領した日から2日目ですからクーリング・オフにより無条件に契約を解除することができます。クーリング・オフをした場合は、その効果として、業者は、消費者に対し損害賠償又は違約金の支払請求をすることはできないことになっています。

　クーリング・オフは、契約締結時の書面を受領した日から8日以内に書面で行う必要がありますので、できるだけ早く配達証明付きの内容証明郵便で契約解除の通知を出してください。このような措置をすれば、業者が請求する違約金を支払うことなく解約をすることができます。それでも業者が「クーリング・オフはできない」などと言って相手にしてくれないようなときは、法律に違反することも考えられますので、そのようなときはもう一度こちらへ相談してください。

【解　説】

　事例のように、家屋の改修・改築工事、白蟻等の害虫駆除の工事施工等に関して、高額な代金を請求するなどの商法を「工事商法」と呼んでいる。

1　特定商取引法の適用

　事例の取引形態は、外壁工事業者が消費者の自宅（営業所等以外の場所）を訪問して、外壁の工事（特定商取引法施行令別表第3第12号に該当する指定役務）を行う契約

を締結していることから特定商取引法上の「訪問販売」に該当し、また、適用除外にも該当しないため、特定商取引法の規定が適用される。

2　クーリング・オフ制度

　事例の場合は、クーリング・オフ期間内であることからクーリング・オフは可能であって、クーリング・オフの効果として、既に役務の提供等がなされた場合であっても、役務提供業者は役務の対価その他の金銭を請求することはできないし、また、業者は消費者に対し、損害賠償又は違約金の支払請求をすることはできない（本章第３、３及び第４参照）。

　したがって、事例の場合のように、材料の仕入れ等の名目で解約金等を請求されることがあっても、クーリング・オフにより契約を解除した場合には、これらの代金を支払う義務はないことになる。

3　参　考

　工事商法の場合、大幅な値引きを目玉にして勧誘する場合が多いが、実際には値引後の価格自体が市販価格より高いときがあり、特定商取引法（禁止行為）、刑法（詐欺罪）等の法律に抵触することが考えられる。

❺ 危険商法

> 問5　10日前、セールスマンが自宅を訪ねてきて、「トイレファンのモーターが故障しています。このままではモーターが加熱して火事になります。危険だから取り替えたほうがいいですよ」などと言われ1万5,000円でトイレファンを取り替えたのですが、近くの業者に聞いたところ、「トイレファンが原因で火事になることは聞いたことがない」などと言われました。解約したいのですが契約締結時の書面等も受け取っておらず、業者の名前や電話番号も分かりません。どうしたらよいでしょうか。

---ポイント---
特定商取引法上の「訪問販売」に該当する場合で、契約締結時の書面を受領していないときはクーリング・オフ期間に拘束されない。

・・・●回　答●・・・

今話された内容の取引は、特定商取引法で定めている「訪問販売」に当たり、この法律で定めている書面を受領していませんので法律的にはいつでも解約をすることができます。しかし、業者の名前、電話番号等が分からなければ解約の通知もできませんし、また、特定商取引法に違反する可能性が高いので、担当者に連絡しておきますから、業者の置いていったパンフレットなどがあればそれを持って○○課（○○警察署）を一度訪ねてください。

●――――――【解　説】――――――●

事例のように、「このままでは火事になる。危険だ」などと言って、素早く商品を換えてしまう商法を「危険商法」と呼んでいる。対象商品には、トイレファン、屋根瓦、浄化槽のモーターや蓋等がある。

1　特定商取引法の適用

事例の取引形態は、トイレファンの販売業者が消費者の自宅を訪問してトイレファン（特定商取引法施行令別表第1第40号に該当する指定商品）を販売していることから特定商取引法上の「訪問販売」に該当し、また、適用除外にも該当しないため、特定商取引法の規定が適用される。

2 クーリング・オフ制度

契約締結時（又は申込み時）の書面を受領したときから起算して8日間を経過したときにはクーリング・オフはできない。しかし、販売業者又は役務提供業者がクーリング・オフについて記載した書面を交付していない場合又はクーリング・オフに関する記載事項等が満たされていない不備書面を交付した場合は、消費者は8日間のクーリング・オフ期間に拘束されず、いつでもクーリング・オフによる契約の解除（申込みの撤回）を行うことができる（本章第3、1、(2)参照）。

事例の場合、契約を締結してから10日を経過しているが、販売業者から法定書面の交付を受けていないことから、8日間のクーリング・オフ期間に拘束されず、いつでもクーリング・オフ権を行使することができる。

3 参 考

危険商法の場合、「絶対にトイレファンが原因で火事になることはない」とは断言できないが、これまで使用していたトイレファンが実際に使用できないほど危険であったのか疑問があることが多く、都道府県の迷惑防止条例、特定商取引法（書面不交付、禁止行為）、刑法（詐欺罪）等の法律に抵触することが考えられる。

⑥ かたり商法

> 問6　2日前にセールスマンが自宅を訪ねてきて、「ＮＴＴから来ました。ダイヤル式黒電話機は、もう製造していないので今後使えなくなります」などと言われたので、8万円のプッシュ式電話機を買うことにし、全額を支払って契約締結時の書面をもらいました。翌日、ＮＴＴに確認したところ、「使用できなくなるというようなことはない」とのことでした。このような場合、解約できないでしょうか。

---**ポイント**---
1　特定商取引法の「訪問販売」に該当し、かつ、契約締結時の書面を受領した日から8日以内であることから、クーリング・オフができる。
2　クーリング・オフは、配達証明付き内容証明郵便を用いることが望ましい。

●●●回　答●●●

　今話された内容の取引には、特定商取引法が適用され、契約締結時の書面を受領した日から8日以内であることから、既に締結した契約を無条件で解除することが可能です。この制度をクーリング・オフといいますが、その書面にクーリング・オフに関する事項が記載されていない等その要件が満たされていない場合には8日間に制限することなく契約を解除することができます。

　契約解除の方法については、契約締結時の書面にクーリング・オフに関する事項が記載されている場合には、書面を受領した日から8日以内に配達証明付きの内容証明郵便で契約解除の通知を出してください。また、契約書にクーリング・オフに関する事項が記載されていない場合には、いつでも契約解除ができますが、できるだけ早く内容証明郵便で契約解除の通知を出した方がよいと考えられます。

　なお、セールスマンの行為は、法律に違反する可能性もあり、担当の係を紹介しますので、契約書等を持って○○課（○○警察署）を訪ねてください。

【解　説】

　事例のように、ＮＴＴ、消防署、保健所等の官公署等の名前をかたり、官公署等の服装と紛らわしい服装をして、商品を販売する等の商法を「かたり商法」と呼んでおり、

対象商品には、電話機（ＮＴＴ）、消火器（消防署）、表札（郵便局）、避妊具（保健所）などがある。

1　特定商取引法の適用

　事例の取引形態は、販売業者が消費者の自宅（営業所等以外の場所）を訪問して電話機（特定商取引法施行令別表第１第22号に該当する指定商品）を販売していることから、特定商取引法上の「訪問販売」に該当し、また、除外規定にも当たらないため、特定商取引法の規定が適用される（本章第２、１、(1)参照）。

2　クーリング・オフ制度

　事例の場合は、契約締結時の書面を受領した日から２日後であり、契約締結時の書面の交付を受けてから８日以内のクーリング・オフの期間内であることから、クーリング・オフが可能である。したがって、購入者は電話機を販売業者に返還し、販売業者は代金の全部を購入者に返還することになる。この場合、商品の引取りに要する費用は販売業者の負担となることから、電話機の取り外し等に伴う工事代金も支払う必要はない。

　なお、書面に契約解除（クーリング・オフ）に関する事項が記載されていない等その要件が満たされていない場合は、８日以内に制限されることなく契約を解除することができる（本章第３、１、(2)参照）。

3　民事法上の契約解除権

　問３参照

4　参　考

　かたり商法の場合は、身分を詐称し、事実と異なる紛らわしいセールストークを用いていることから、都道府県の迷惑防止条例、軽犯罪法（官名詐称）、特定商取引法（禁止行為）、刑法（詐欺罪）等に抵触することが考えられる。

❼ 霊感・霊視商法

> 問7　セールスマンが自宅を訪ねてきて、「あなたの家には悪霊が取りついています。でも、私どもの印鑑を買えばそれが取り払われます」などの勧誘を受けて、12万円の印鑑を購入する契約を締結し、書面を受け取ったのですが、家族に相談したところ高いと言われ、購入後5日目にはがきで解約の通知を出したのですが、業者から電話で、「はがきが契約後9日目に届いており、法律で定める期間を経過しているので解約はできない」と言われました。この場合、本当に解約できないのでしょうか。

―― ポイント ――
クーリング・オフは、書面を発したときにその効力を生じる。

・・・● 回　　答 ●・・・

　今話された内容の取引は、特定商取引法に規定されている「訪問販売」に該当しますので、契約締結時の書面を受領した日から8日以内に契約解除の書面を発すれば、無条件で契約を解除することができ、その効力は、書面を発したときに生じることになります。お話によると、購入後5日目に解約のはがきを出していますので、契約の解除は有効です。

　ただし、書面を発した日について争いになった場合には、はがきを投かんした日が法律で規定している8日以内であったことについて購入者側が証明することが必要です。その証明ができない場合には、特定商取引法による解約が困難な場合もありますから、詳しくは最寄りの消費生活センター等に相談してください。

　なお、契約締結時の書面にクーリング・オフに関する記載がない場合には、8日間の期間に拘束されずいつでも契約を解除することができますので、契約締結時の書面をもう一度確認してください。

●―――――――――【解　説】―――――――――●

　事例のように、「悪霊が取りついており、いつか必ずたたりがある」などと言って相手を不安感におとしいれ、高価な印鑑、壺、多宝塔等を売り付けたり、法外な祈とう料を要求したりする商法を「霊感・霊視商法」と呼んでいます。

1　特定商取引法の適用

　事例の取引形態は、印鑑の販売業者が消費者の自宅（営業所等以外の場所）を訪問して印鑑（特定商取引法施行令別表第1第50号に該当する指定商品）を販売していることから特定商取引法上の「訪問販売」に該当し、また、適用除外にも該当しないため、特定商取引法の規定が適用される。

2　クーリング・オフ制度

　特定商取引法ではクーリング・オフについて、「書面を発したときに、その効力を生じる。」として「発信主義」を採用している（特定商取引法9条2項）。事例の場合は、契約締結後の5日目にはがきを投かんしていることから、その時点からクーリング・オフの効力が発生しており、販売業者に9日目に届いていることは問題にならない。

　しかし、消費者がクーリング・オフによる契約の解除を主張するためには、いつ書面を発したかを消費者側が証明する必要がある。郵便局の消印等で明らかにできる場合もあるが、クーリング・オフ期間内の切迫した日に投かんしたような場合には、郵便物収集時間の関係で翌日の消印になったり、あるいは消印が不鮮明で判読できないことがあったりして、クーリング・オフによる解決が困難な場合もあり得る。

　このような場合には、断言することは避けて、最寄りの消費生活センター等への相談を教示すべきである。

　なお、こうした問題にならないためにも、配達証明付きの内容証明郵便で契約解除の通知をする必要があることを日ごろから広報・啓発しておく必要がある。

3　参　考

　霊感・霊視商法の場合、祈とう等によって法外な報酬を得ても直ちに事件化することに問題がある場合があるが、都道府県の迷惑防止条例、特定商取引法（書面の交付、禁止行為）、刑法（詐欺罪、恐喝罪）等の法律に抵触する場合も考えられることから、言動に十分留意して慎重な対応をする必要がある。

⑧ キャッチセールス商法

> 問8　5日前、駅前の路上で若い女性から、「海外旅行についてのアンケートに協力してください」と呼び止められ、簡単な質問の後、「詳しくお話を聞きたい」と喫茶店に誘われました。喫茶店では安く英会話の勉強ができると教材を勧められ、結局、48万円の英会話学習教材のクレジット契約を締結してしまいました。受け取った契約締結時の書面には解約に関することは何も書いてありません。解約はできないのでしょうか。

―ポイント―
　信販会社のクレジット契約の場合であっても、特定商取引法によってクーリング・オフは可能である。

・・・●回　　答●・・・

　今話された内容ですと、この取引は特定商取引法で定められている「訪問販売」に当たり、この法律で定めている書面を受領している場合には、この書面を受領した日から8日以内に解約する旨を記載した書面を出さなければ無条件で契約を解除することはできませんが、あなたの場合は、受領した書面に解約に関する事項の記載がないとのことですから、法律で定める書面には該当しないことになり、いつでも無条件で契約を解除することができます。

　しかし、できるだけ早く、この英会話学習教材の販売業者と信販会社に配達証明付きの内容証明郵便で契約解除の通知を出した方がよいと考えられます。

　また、受領した書面には、解約に関する事項が記載されていないとのことですから、特定商取引法に違反することも考えられます。担当者を紹介しますので、受領した契約書等の書類を持って○○課（○○警察署）を一度訪ねてください。

●―――――――――【解　説】―――――――――●

　事例のように、駅周辺の繁華街の路上等で通行人に、「アンケートに協力を」等と言って近づき、化粧品、会員権、貴金属などを強引かつ巧みに販売したり、営業所や近くの喫茶店に誘い込んで、無理やり商品を購入させる商法を「キャッチセールス商法」と呼んでいる。

1　特定商取引法の適用

　事例の販売形態は、販売業者が喫茶店（営業所等以外の場所）で学習教材（特定商取引法施行令別表第1第47号に該当する指定商品）を販売していることから、特定商取引法上の「訪問販売」に該当する。

　なお、事例の場合で、契約を締結している場所が喫茶店ではなく営業所等の場合であったとしても、相談者は「特定顧客」（特定商取引法2条1項2号）に当たり、特定商取引法上の「訪問販売」に該当する（本章第2、1、(2)参照）。

2　クーリング・オフ制度

　特定商取引法と割賦販売法の両方が適用される取引の場合は、いずれの法律においてもクーリング・オフの規定はあるが、両方を重複して適用させることになると混乱を生じるおそれがあることなどの理由から、その場合にあっては、特定商取引法を適用し、割賦販売法については適用しないこととされている（割賦販売法4条の3第8項）。

　したがって、事例の場合は、特定商取引法の規定が適用され、クーリング・オフに関する記載事項等が満たされていない不備書面については、特定商取引法第9条第1項にいう「第4条又は第5条の書面」とは認められないことから、期間に関係なくクーリング・オフが可能である（本章第3、1、(2)参照）。

　なお、割賦販売法のみに適用される指定商品の取引については、同法第4条の3において「営業所等以外での契約」の場合に限ってクーリング・オフができる旨が規定されていることから、特定商取引法に規定する「特定顧客」が、営業所等において取引をした場合にあっては、クーリング・オフができないので注意する必要がある。

3 参　考

　キャッチセールス商法の場合は、強引で巧妙な販売形態などが多いので、都道府県の迷惑防止条例、特定商取引法（書面交付、禁止行為）、刑法（暴行罪、強要罪）などの法律に抵触することが考えられる。また、販売商品によっては薬事法に抵触することも考えられる。

❾ アポイントメントセールス商法

> 問9　4日前に自宅に電話があり、「あなたは千人の中から選ばれました。アンケートに協力してください」と話すので趣味に関する質問に答えたところ、お礼に景品を差し上げるとのことで会社の営業所に呼び出されました。そこで、営業所に行って景品を受領し、社員と雑談していたところ、海外旅行のパンフレットを見せられ英会話の必要性について説明を受けました。しかし、なかなか帰してくれなかったので仕方なく英会話のビデオテープを購入する口頭契約をさせられ、代金の一部を支払ってきたのですが、契約の書類はもらっていません。解約はできないのでしょうか。

---ポイント---
営業所で契約を締結した場合でも、特定商取引法の「訪問販売」に該当する場合がある。

●●●回　答●●●

　今話された内容では、口頭の合意で契約は成立していることから、この取引は、特定商取引法にある「訪問販売」に当たり、この法律に規定されている書面を受領している場合には、受領した日から8日以内に解約する旨を記載した書面を出さなければ、無条件で解約をすることはできません。

　あなたの場合は、契約締結時に書面等を受領していませんから、8日間という期間にこだわることなく、いつでもこの法律に基づいた契約の解除をすることができます。

　しかし、できるだけ早い機会に、業者に配達証明付きの内容証明郵便で契約解除の通知を出してください。

　また、お話では、契約するに当たって、長時間帰ることができなかったり、書面を交付されませんでしたので、特定商取引法等に触れることが考えられます。担当者を紹介しますので、業者から手渡されたパンフレットなどがあればそれを持参して○○課（○○警察署）を一度訪ねてください。

●――――――――――【解　説】――――――――――●

　事例のように、突然、全く知らない会社から電話やはがきで、「あなたは○○人の中から選ばれました」、「あなたの電話番号が当選しました」などと言って、営業所や喫茶店

に呼び出し、商品等の販売勧誘を行い、商品等の購入契約をさせられてしまう等の商法を「アポイントメントセールス商法」と呼んでいる。

対象商品には、英会話教材、ビデオ教材、レジャー会員権等がある。

1 特定商取引法の適用

事例の場合、相談者は、電話で商品販売の話が一切ないまま景品の贈呈名目に営業所に呼び出されていることから、「電話、郵便、ビラの配布などの手段で、取扱商品等の販売等の目的を告げずに営業所等に誘引された者」（特定商取引法施行令1条1号）に当たり「特定顧客」となる（本章第2、1、(2)参照）。

したがって、事例の販売形態は、販売業者が特定顧客と営業所において、英会話のビデオテープ（特定商取引法施行令別表第1第49号に該当する指定商品）の売買契約を締結していることから、特定商取引法上の「訪問販売」に該当することになる。

なお、呼び出された場所が営業所でなく喫茶店等の場合もあるが、その場合は、営業所等以外の場所で契約を締結していることから、当然「訪問販売」に該当する。

2 クーリング・オフ制度

事例の場合、口頭での合意があった場合は契約は成立している（民法555条）。しかし、この場合、法定書面を受領していないことから8日間のクーリング・オフ期間に拘束されることなく、いつでもクーリング・オフが可能である（本章第3、1、(2)参照）。

3 参 考

アポイントメントセールス商法の場合は、営業所等で長時間にわたり強引な勧誘を受け、冷静な判断ができないまま高額な商品をクレジット契約で買わされることが多く、都道府県の迷惑防止条例、特定商取引法（書面交付、禁止行為）、刑法（暴行、強要罪）等の法律に抵触することが考えられる。

⑩ 催眠（SF）商法

> 問10　5日前、病院の帰りに路上で配られた雑貨の安売りチラシをみて営業所に行ったところ、多数の人がすでに来ており、事務所に入ると係の人が次々に「これ欲しい人手を上げて」と言ってティッシュボックス、洗剤等をただ同然の価格で販売するので、会場にいるほとんどの人が欲しくて手を上げて商品を購入していました。そして、いろいろな日用雑貨品の最後に羽毛布団を出し、「本日のみの特別価格。限定8人」と言うので、思わず手を上げてしまい、12万円もする羽毛布団を購入する契約をしてしまいました。契約書類は受け取っていますが、高額な布団は必要ないので解約したいのですがどうしたらいいのですか。

―ポイント―
　営業所で契約した場合であっても、業者が商品の販売意図を明らかにしないまま顧客を営業所に誘引しているときは、特定商取引法の「訪問販売」に該当する。

●●●回　答●●●

　今話された内容ですと、その取引は特定商取引法で定めている「訪問販売」に当たり、契約締結時の書面を受領してから5日目ですから、解約する旨を記載した書面を出すことによって、無条件で契約を解除することができます。

　この制度をクーリング・オフといい、契約書面を受け取って8日を過ぎますとクーリング・オフができなくなりますので、あと3日しかありませんから早めにこの業者に対して配達証明付きの内容証明郵便で契約解除の通知を出してください。

　また、業者が契約の解除に応じないときは、特定商取引法に違反する可能性もありますから、その場合はもう一度相談してください。

【解　説】

　事例のように、主に高齢者を対象に安価な商品や食料品などを無料で配布したり、安価な値段で販売するなど、商品を買わなければ損だというような雰囲気に仕立て上げて購入者の判断力を失わせた上、高額な商品を販売する商法を「催眠商法」と呼んでいる。また、この販売方法を始めた「新製品普及会」という業者のローマ字の頭文字を

とって「ＳＦ商法」とも呼んでいる。

対象商品には、羽毛布団、健康器具、健康食品などがある。

1　特定商取引法の適用

　事例の取引形態は、ビラによって当該商品の販売意図を明らかにせず、顧客を営業所に誘引（特定商取引法施行令１条１号）していることから購入者は「特定顧客」となり、販売業者が特定顧客と営業所において、羽毛布団（特定商取引法施行令別表第１第37号に該当する指定商品）の売買契約を締結していることから特定商取引法の「訪問販売」に該当する（本章第２、１、(2)参照）。

　なお、事例の場合で、契約を締結している場所が「営業所等以外の場所」であれば、販売意図を明らかにした上で顧客をその場所に誘引している場合であっても、「訪問販売」に該当する（本章第２、１、(1)参照）。

2　クーリング・オフ制度

　事例の場合、クーリング・オフ期間内であって、適用除外にも該当しないことから、クーリング・オフが可能である（本章第３、１、(2)参照）。

3　参　考

　催眠（ＳＦ）商法の場合、主に高齢者が対象であって、その特有な販売形態であるため、消費者が冷静な判断力を失っている状態で契約させられてしまったり、販売されている商品が必ずしも会場で宣伝しているほど廉価でも高品質でもなかったり、会場が次々と移動するため業者の実態が把握できないなどの問題がある。

　この商法の実態を解明することによって、特定商取引法（書面交付、禁止行為）、薬事法、刑法（暴行、強要罪）等の法律に抵触することも考えられる。

⑪ ホームパーティ商法

> 問11　3日前、ステンレス製鍋の販売会社から電話があり、「お宅で料理講習会を開きたい。材料等は会社の方で準備します」と言うので近所の奥さんたちを誘い講習を受けたが、その際、セールスマンがアルミ製鍋で沸かしたお湯が白く濁ったのを指して、「今までのアルミ製鍋をそのまま使っていては将来癌になる」と説明するので驚いてしまい、勧められるままステンレス製鍋セットを18万円で購入する契約をしてしまいました。商品は何度か使用しましたが、解約できるでしょうか。

---ポイント---
　消耗品以外の指定商品については、何度か商品を使用してもクーリング・オフは可能である。

●●●回　答●●●

　今話された内容ですと、その取引は特定商取引法で定めている「訪問販売」に当たり、契約締結時の書面を受領した日から3日目であることから、解約する旨の通知を出すことによって、何度か商品を使用していても無条件で契約を解除することができます。

　この制度をクーリング・オフ制度といい、契約書面を受け取って8日を過ぎますとクーリング・オフができなくなりますので、できるだけ早くこの業者に対し、配達証明付きの内容証明郵便で契約解除の通知を出してください。

　なお、商品の使用状況によっては、例えば、商品の一部を破損させた場合などは、その範囲内で損害賠償の責任を負わなければならないこともあり得ますので、このような場合は、最寄りの消費生活センター等へ相談してください。

【解　説】

　事例のように、電話であらかじめアポイントをとって、消費者の自宅を会場にして近所の人を集めて、料理講習会等を開催して、アルミ製鍋は有害で癌になるなどと言ってステンレス製鍋等を売り付ける商法を「ホームパーティ商法」と呼んでいる。

　対象商品は、鍋類、女性用下着、化粧品、電気掃除機などがある。

1　特定商取引法の適用

事例の取引形態は、販売業者が消費者の自宅（営業所以外の場所）を訪問して、鍋（特定商取引法施行令別表第1第42に該当する指定商品）を販売していることから、特定商取引法上の「訪問販売」に該当する。

2　クーリング・オフ制度

事例の場合、契約締結時の書面を受領してから8日以内であることからクーリング・オフは可能であり、その効果として、既に商品が引き渡されていれば購入者はそれを販売業者に返還し、代金の全部又は一部が授受されていれば、販売業者はこれを購入者に返還することによって原状回復は完了する（本章第3、3、(1)参照）。

商品を数回使用した場合で、商品自体がその使用によって消耗してしまうような物として指定されているものについてはクーリング・オフはできない（問1「消耗品に対するクーリング・オフ」参照）が、鍋については消耗品として指定されていないことから、特定商取引法に基づくクーリング・オフは可能であって、業者は契約の解除等に伴う損害賠償、違約金の請求はできない（本章第3、4参照）。ただし、商品の使用によって一部破損したような場合には、その範囲において損害賠償の責任を負うこともあり得る。

3　参　考

ホームパーティ商法に使われる商品は、市価に比べて決して安くなく、むしろ高い場合がほとんどであり、また、「アルミ製鍋は有害で癌になる」などのセールストークについては、特定商取引法（禁止行為）、刑法（詐欺罪）等の法律に抵触することも考えられる。

⑫ 内職商法（業務提供誘引販売取引）

> 問12 「短期間で技術習得。簡単な作業で高収入が得られる」という新聞折込みチラシを見てデータ入力の内職をしようと思い、高額な専用コンピュータを購入しました。契約してから2週間がたちますが、仕事がほとんどない上、コンピュータもとても古くほとんど使えません。なんか、だまされたような気がするのですが。

―ポイント―
1. 内職商法は、「業務提供誘引販売取引」として、特定商取引法の適用を受ける。
2. 業務提供誘引販売取引のクーリング・オフの期間は、契約締結後20日間である。

●●●回　答●●●

今話された内容は、内職商法といって主に主婦をターゲットに、自宅で簡単に高額の収入が約束されるなどと言って内職に必要な機器などを高く売りつける商法で、「業務提供誘引販売取引」として特定商取引法が適用され、クーリング・オフも通常の取引と違い、契約締結後20日間できます。担当の○○課（○○警察署）に連絡しますので、当時の新聞折込みチラシや契約書等をもとに詳しく説明してください。

また、クーリング・オフは書面で行う必要がありますから、契約締結時の書面を受領した日から20日以内に配達証明付きの内容証明郵便で契約解除の通知を出してください。

【解　説】

事例のように、「自宅でできるサイドビジネス」、「1日○時間で月収10万円可能」などの魅力ある内容の新聞折込み広告やダイレクトメールで内職希望者を募集し、高額な機器を売りつけたり、多額の講習料を支払わせたり、登録料を指定口座に振り込ませたりする商法を「内職商法」と呼んでいる。

1　特定商取引法の適用

「内職商法」は、「モニター商法」（アンケートを提出するだけでモニター料がもらえるなどと言って、高額なものを買わせる手口）とともに「業務提供誘引販売取引」として特定商取引法で規制されている。

この取引の定義としては、①物品販売等を行う事業であり、②顧客に対して「販売した物品等を利用した業務を提供するので、それにより収入を得ることができる」といって誘引し、③顧客に物品の対価や登録料などの金銭負担を負わせることとされている（特定商取引法51条）。この取引に関しては指定商品に関係なく特定商取引法が適用される。

また、クレジットで購入して、クーリング・オフなどで解約した場合、クレジット会社からの請求を拒むことができる（割賦販売法30条）。

2 クーリング・オフ制度

特定商取引法において「業務提供誘引取引」のクーリング・オフ期間は、契約締結後20日間と定義されている。事例の場合は、契約締結後2週間なので、クーリング・オフができる。したがって、購入者はコンピュータを販売業者に返還し、販売業者は代金の全部を購入者に返還することになる。この場合、商品の引き取りに要する費用は販売業者の負担となる。

3 参 考

特定商取引法における「内職商法」「モニター商法」は、クーリング・オフ（特定商取引法58条）のほか様々な規制がある。

① 不適切な勧誘行為の禁止
　・勧誘の際の不実告知、事実不告知、威迫困惑行為の禁止（特定商取引法52条）。
② 広告規制
　・広告をするときにおいて、重要事項（商品の種類、顧客の負担内容等）の表示が義務付けられている（業務について広告する時は、業務の提供条件も必須）（特

定商取引法53条)。
- 誇大広告等の禁止(特定商取引法54条)。

③ 書面交付の義務付け
- 契約を締結するまでに、事業の内容(商品概要・価格・労働による収入など)を記載した書面の交付をしなければならない。また、契約締結後もすぐに締結内容(商品概要・顧客の負担・労働による収入・契約解除条件など)を明らかにする書面の交付も義務付けられている(特定商取引法55条)。

⑬ 送り付け商法

> 問13　12日前に、注文もしていない税務情報誌（定価2万円と表示）が宅配便で送られてきたのですが、注文もしていないのでそのままにしておいたところ、昨日、○○出版協会から請求書が送られてきました。どうしたらよいのでしょうか。

---ポイント---
注文もしていないのに業者が一方的に商品を送り付けてきた場合には代金を支払う必要はなく、また、一定期間が経過していれば商品も自由に処分できる。

●●●回　答●●●

　注文もしていないのに業者が一方的に商品を送り付けてきた場合は、売買契約の申込み行為において、承諾しない限り契約は成立していませんので代金を支払う必要はありません。また、特定商取引法で商品の返還請求権の消滅に関することが規定されており、商品の送付があった日から起算して14日を経過した日、又は商品の送付を受けた者が販売業者に対して商品の引取りを請求した場合にあってはその請求の日から7日を経過した日の、いずれか早い日が到来したときには販売業者の商品の返還請求権は消滅し、その後の商品の送付を受けた者が商品を自由に処分できることになっています。

　現時点では情報誌が送付されてから12日目とのことですので、商品は勝手に処分することはできませんから、保管しておく義務が生じます。したがって、業者に電話や内容証明郵便で商品を購入する意思のないことを明確に伝えるとともに、商品の引取りを請求してください。それでも代金を請求してくるような場合には、最寄りの消費生活センター等に相談することをお勧めします。

【解　説】

　事例のように、注文もしていないのに業者が一方的に商品を送り付けてきて代金を請求するという商法を「送り付け商法」（ネガティブ・オプション）と呼んでいる。

1　特定商取引法の適用
(1)　代金の支払義務、商品の処分

　販売業者が消費者に一方的に商品を送り付け、勝手に「購入拒否の通知がなければ

購入を承諾したものとみなす」とか「不要であれば返品せよ。返品がなければ購入とみなす」などと言っても、送付された側が承諾の意思表示をしない限り契約は成立しないから、代金の支払義務は生じない。

また、売買契約の申込者に対し、契約以外の商品を送付した場合も同様である。しかし、送付された商品が他人の所有物である以上、消費者側で勝手に処分することはできず、反面、消費者側に民法に基づく保管義務を課すことは加重な負担を強いることになるので、一定期間経過後は、消費者側で送り付けられた商品を処分できるという規定を設けたものである。

(2) ネガティブ・オプションに関する規定

特定商取引法において、「売買契約に基づかないで送付された商品については、一定の期間の経過をもって販売業者の商品の返還請求権は消滅する」と規定している（特定商取引法59条）。

このネガティブ・オプションに関する規定が適用される場合の要件は、

　ア　販売業者からの売買契約の申込行為であること。
　イ　商品の送付が行われていること。
　ウ　一定期間が経過していること。

の3つの要件を充足していることが必要である。

アについては、販売業者から一方的に商品を送り付ける行為は、事前にカタログ等の送付をしていようがいまいが売買契約の申込みであり、また、売買契約の申込者に対し、契約以外の商品を送付した場合も同様である。ただし、雑誌の継続購読等の場合で、「継続購読しないときは通知する。もし、通知なければ継続する」という当事

者間の事前合意がなされている場合には、雑誌の送付はここにいう売買契約の申込みではなく、既に有効に成立している契約の履行であるから、購読者には代金の支払い義務が生じる。

イについては、送付された商品の種類は問わない。したがって、指定商品以外の商品であってもネガティブ・オプションに関する規定の対象になる。

また、送付には、郵便、宅配便だけでなく業者自身が直接届けた場合も含まれる。

ウについては、商品の送付があった日から起算して14日を経過した日、又は商品の送付を受けた者が販売業者に対して商品の引取りを請求した場合には、その請求の日から7日を経過した日のいずれか早い日が到来すればよい。

(3) 適用除外

ネガティブ・オプションに関する規定は、一定期間が経過するまでの保管中に商品を使用するなどの承諾行為をした場合、あるいは、商品の送付を受けた者にとって商行為（例えば、会社を宛先として商品が送付されてきた場合）となる場合については適用されない。

(4) ネガティブ・オプションに関する規定の効果

前記ア、イ及びウの要件をすべて充足する場合には、業者はその送付した商品の返還を要求することはできない。

(5) 受領した商品の保管

ネガティブ・オプションに関する規定が適用される場合、送付されてきた商品については、販売業者が商品を引き取りにくるまでの間、あるいは一定期間が経過するまでの間は、「無償受寄者の注意義務」（民法659条）の規定によって、自分の財産と同様の注意を払って保管する必要がある。

2 代金引換郵便に対するネガティブ・オプションに関する規定

(1) 代金引換郵便制度

代金引換郵便は、郵便法64条に、「代金引換の取扱においては、郵政事業庁において、当該郵便物を差出人の指定した額の金額と引き換えに名あて人に交付し、その額の金額を差出人に送付する」と規定している。

(2) ネガティブ・オプションに関する規定

商品の送付は売買契約の申込行為で、代金の支払いは承諾となる（契約は代金の支払いをもって成立する）。

したがって、配達された時点で受取保留や拒絶の措置をとることがよいが、勘違いで代金を支払ってしまった場合において、中身が無価値同然の物が入っている場合など、だまされた疑いがあれば、配達員が所属している郵便局又は最寄りの郵政監察局

（室）への連絡、更には、担当の係を紹介の上、送られた物等を持参して〇〇課（〇〇警察署）を訪ねるよう教示すべきである。

3 参 考

送り付け商法については、特定商取引法上のネガティブ・オプションに関する規定が充実しているものの、依然として、業者等から商品の代金を請求されるという苦情が後を絶たない。

さらに、最近、代金引換郵便を悪用した送り付け商法が多発しており、郵政事業庁と連携して対応しているが、この商法は、刑法（詐欺罪）等に抵触することが考えられる。

⑭ 資格（士）商法（通信販売の形態）

> 問14　3週間前、行政書士に関するダイレクトメールが送付されてきたので、はがきで行政書士資格取得の申込みをして受講料を振り込んだのですが、契約書類も送ってこないばかりか、講習会開催の通知もありません。電話で問合せをしているのですが、一向にいい返事がありません。受講料を取り戻すことはできるのでしょうか。

──ポイント──
特定商取引法の「通信販売」には、クーリング・オフ制度の規定はない。

・・・回　答・・・

　今話された内容の場合、特定商取引法で定めている「通信販売」に当たりますが、「通信販売」には無条件で契約を解除することができるというクーリング・オフ制度の規定がありませんので、受講料を取り戻すには民事法上の手続によって解決を図らなければなりません。詳しいことは最寄りの消費生活センター等に相談してください。

　なお、最近、あなたと同様に、「講習の期日がきても講習をしないで、受講料をだまし取っていた」という詐欺事件の例がありますので、あなたも犯罪の被害者になっていることが考えられます。事件担当課の○○課（○○警察署）に連絡しますので、そちらにダイレクトメールや受講料を振り込んだ書類等をもとに詳しく話してください。

【解　説】

　事例のように、現在ある正規な資格や法律、経営、建築等に関する公的資格と極めて紛らわしい資格を勝手に考案したりして資格取得名下に受講料をだまし取る商法を「資格商法」と呼んでいる。また、経営管理士など○○士という資格取得に係るものであることから「士（さむらい）商法」とも言われている。

1　特定商取引法の適用
　(1)　「通信販売」の定義
　　「通信販売」とは、「販売業者又は役務提供業者が郵便等で契約の申込みを受けて行う指定商品及び指定権利の販売又は指定役務の提供」と定義されており（特定商取引法2条）、消費者が広告、ダイレクトメール等を見てはがき等で商品の購入申込み

をした場合などが「通信販売」に該当する。
(2) 適用除外
　「通信販売」による指定商品、指定権利の販売又は指定役務の提供（以下「指定商品の販売等」という。）があっても、次のいずれかに該当する場合は、特定商取引法の適用がすべて除外される（特定商取引法26条）。
　ア　契約の申込みをした者又は購入者若しくは役務の提供を受ける者が「営業のために」若しくは「営業として」締結するものに係る指定商品の販売等
　イ　外国にいる者に対する指定商品の販売等
　ウ　国又は地方公共団体が行う指定商品の販売等
　エ　特別法に基づく組合、公務員の職員団体及び労働組合が、その直接・間接の構成員に対して行う指定商品の販売等
　オ　事業者が従業員に対して行う指定商品の販売等
(3) 事例の検討
　事例の場合は、消費者がダイレクトメールを見て、はがきで行政書士の取得講習（特定商取引法施行令別表第3第17号に該当する指定役務）の役務提供契約の申込みを行い、しかも除外規定にも当たらないことから「通信販売」に該当することになる。

2　通信販売における業者に対する行為規制
(1) 誇大広告等の禁止
　業者が指定商品等の広告をするときには、商品の性能等について著しく事実に相違する表示や実際のものより著しく優良（有利）であると誤認させるような表示をして

はならない（特定商取引法12条）。

(2) 通信販売における承諾等の通知

業者は、前払式通信販売で申込みを受け、代金等の一部又は全部を受領したときには、遅滞なく商品を送付した場合等を除き、申込みの受諾の有無を書面で申込者に通知しなければならない（特定商取引法13条）。

3 通信販売に対するクーリング・オフ制度

通信販売の場合、業者の不意打ち的な訪問販売と異なり、消費者に商品の購入等についての冷静な判断が可能であることなどの理由から、クーリング・オフ制度は設けられていない。

したがって、通信販売の場合の解約については、民事法上の手続によることになる。

⑮ 資格（士）商法・二次被害（電話勧誘販売の形態）

> 問15　1年前に資格取得に関する教材を購入して自分で勉強していたのですが、5日前に、電話で、「インターネット○○協会の者ですが、今度、インターネットのスペシャリストとしての認定資格者を育成するための特別講習を行うことになりました。受講費用は8万円です。今日が申込みの最終日です。近い将来国家資格になります」などと勧誘されたので、そのときに申し込み、指定された銀行口座に受講費用を振り込みました。そして、契約書類が2日前に郵送されてきたのですが、家族に反対されたので解約の電話を入れたところ、「謝って済む問題でない。何を考えているんですか」などと言われ、解約に応じてくれません。受講料を取り戻すにはどうしたらよいのでしょうか。

──ポイント──
事業者が電話をかけて勧誘を行い、その電話の中で契約を締結した場合等は、特定商取引法の「電話勧誘販売」に該当する。

・・・●回　答●・・・

　今話された内容の場合、特定商取引法で定めている「電話勧誘販売」に当たり、契約締結時の書面を受領した日から2日目ですので解約する旨を記載した書面を出すことによって、無条件で契約を解除することができます。この制度をクーリング・オフ制度といい、契約書面を受け取ってから8日を過ぎますとクーリング・オフができなくなりますので、できるだけ早くこの○○協会に対して配達証明付きの内容証明郵便で契約解除の通知を出したほうがよいと考えられます。

　なお、最近、あなたと同様に「今は民間資格ですが、近い将来国家資格になっていく資格です」とか、「あなたが、クーリング・オフという法的手段をとるんでしたら、こちらも裁判で争いますよ」などと話されたことが、特定商取引法等の違反の例もありますので、あなたもその被害に遭っていることも考えられます。事件担当課の○○課（○○警察署）に連絡しますので、そちらに郵送された契約書類や受講料を振り込んだ書類

等をもとに詳しく話してください。

【解　説】

　事例のように、電話によって、以前、資格取得に関係する教材の購入者や資格取得講座を契約した人の名簿をもとに、新たなセールストークで何度も勧誘してきて受講料、登録抹消手数料等を支払わせる商法を「資格（士）商法・二次被害」と呼んでいる。

1　特定商取引法の適用

　事例の場合、事業者が消費者の自宅に電話をかけて、資格取得の勧誘を行い、その電話の中で消費者が申込みをし、契約が締結されていることから、「電話勧誘販売」（特定商取引法2条3項）に該当する（本章第2、2、(1)参照）。

　事例の場合は、事業者からの電話勧誘販売に対して消費者がその電話の中で資格取得講習（特定商取引法施行令別表第3第17号に該当する指定役務）の役務提供契約の申込みを行い、しかも除外規定にも当たらないことから「電話勧誘販売」に該当することになる。

2　クーリング・オフ制度

　事例の場合、クーリング・オフ期間内であり、適用除外規定にも該当しないことから、クーリング・オフが可能である（本章第3、1、(2)参照）。

3　参　考

　電話勧誘販売については、双方向性に優れ、手軽で迅速な取引に対応可能という利便性があることから、取引形態として増加の傾向にあり、依然として資格取得を中心に、代理店・特約店内職、紳士録名簿、教養娯楽教材等に係る苦情・相談がみられている。したがって、これらの取引形態については、特定商取引法（書面交付、禁止行為）、刑

法（詐欺罪、恐喝罪）等に抵触することも考えられることから、担当の〇〇課（〇〇警察署）との連携が必要である。

⑯ 特定継続的役務提供

> **問16** 5日前、街を歩いていたら、「モデルになりませんか？」と声をかけられました。少し興味があったので、その人と事務所へ同行し説明を受けました。その内容とは、モデルの契約期間は3年間。その間、エステを受けなければならないとのことでした。エステ代は3年間何度行っても無料とのことですが、ローション代38万円だけは私が負担するということで契約しました。
>
> しかし、何回かエステに通いましたが、友人からその事務所はモデルの仕事をやったことがないと聞き、また冷静に考えるとローション代も高いので契約を解約したいと申し出ると、ローションは私の体質に合わせて作ってあるので、封を切ってしまうと解約できないし、モデルをやらないのなら、今までの体験エステ代5万円を支払ってほしいと言われました。そのローションを見せてほしいと言ったところ、エステティシャンしか入ることのできない部屋に置いてあるので見せることができないと言われました。どうしたらよいでしょうか。

―**ポイント**―
　エステティックサロンは、政令により特定商取引法の「特定継続的役務」として指定されているので、契約後8日間以内なら、クーリング・オフができる。また、その後も中途解約もできる。

●●●回　答●●●

　今話された内容の取引は、特定商取引法に規定されている「特定継続的役務提供」に該当しますので、契約締結後8日間以内でしたら、クーリング・オフができますので申し出てください。ただし、化粧品など、一部を使用してしまい、商品価値が全くなくなってしまうものについては、クーリング・オフができないことがあります。しかし、この場合は、契約時の書面にその旨記載したものに限ります。また、8日間が過ぎてしまった場合でも中途解約が可能です。しかし、中途解約の場合は、クーリング・オフの場合と異なり、既に提供された役務の対価分と法令で定める一定額内の損害賠償を支払わなければなりません。もし、事業者側が規定される額以上の金額を受け取っている場

合は返金されます。担当の部署の○○課（○○警察署）に連絡しておきますので、そちらで詳しく話してください。

―【解　説】―

「特定継続的役務提供」とは、特定商取引法において、「①役務の提供を受ける者の身体の美化又は知識若しくは技能の向上その他のその者の心身又は身上に関する目的を実現させることをもって誘引が行われるもの、②役務の性質上、前号に規定する目的が実現するかどうかが確実でないもの」（特定商取引法41条2項）と規定されており、きれいになる（身体の美化）、学力が向上する（知識若しくは技能の向上）のような役務を受ける者の目的を達成するために、一定期間継続的に役務提供をうける必要があるものをいいます。この取引においては、①契約締結まで及び契約締結時の書面交付の義務付け、②誇大広告等の禁止、不実告知、威迫・困惑等の行為の禁止、③指示、業務の停止等、④クーリング・オフ制度、⑤5万円を超える前払取引を行う事業者に対して、書類（業務概要・貸借対照表・損益計算書）の備付け等の義務付け、⑥中途解約制度、損害賠償額等の制限（表1）が規制されています。現在政令で「エステティックサロン」「語学教室」「家庭教師」「学習塾」の四役務（※1）が指定されています。また、政令で定める表2の商品（関連商品）を事業者が役務提供の際に必ず購入すべきものとして、販売した場合もクーリング・オフ中途解約ができます。

しかし、理容等の一回で役務提供が終了するものは該当しません。規制となるのは、「特定継続的役務」を一定期間を超える期間にわたり、一定金額（入学金・受講料・関連商品などを含む。）を超えるものです。下記の表3を参考にしてください。

表1　中途解約時の損害賠償等の上限について

```
(1) 契約の解除が役務提供前である場合
　・エステティックサロン　　2万円
　・語学教室　　　　　　　　1万5,000円
　・家庭教師　　　　　　　　2万円
　・学習塾　　　　　　　　　1万1,000円
(2) 契約の解除が役務提供開始後である場合
　イ　提供された特定継続的役務の対価に相当する額
　ロ　当該特定継続的役務提供契約の解除によつて通常生ずる損害の額として
　　　役務ごとに政令で定める以下の額の合計額
　・エステティックサロン　　2万円又は契約残額の10％に相当する額のいず
　　　　　　　　　　　　　　れか低い金額
　・語学教室　　　　　　　　5万円又は契約残額の20％に相当する額のいず
　　　　　　　　　　　　　　れか低い金額
```

・家庭教師	5万円又は当該特定継続的役務提供契約における1月分の役務の対価に相当する額のいずれか低い金額
・学習塾	2万円又は当該特定継続的役務提供契約における1月分の役務の対価に相当する額のいずれか低い額

表2　関連商品について

エステティックサロンについては、
- いわゆる健康食品△
- 化粧品、石けん（医薬品を除く。）及び浴用剤△
- 下着類
- 美顔器、脱毛器

外国語会話教室、家庭教師派遣、学習塾については、
- 書籍（教材を含む。）
- 磁気的方法又は光学的方法により音、映像又はプログラムを記録したもの（カセット、テープ、CD等）
- ファクシミリ機器、テレビ電話

※　これらの関連商品については、契約締結の時の書面に掲載されることになっていますので、契約締結の際には書類をよく確認する必要があります。

※　△印については、使用又は一部を消費した場合にクーリング・オフの対象外とすることができます（この場合締結時に交付する書面の中にその旨と商品を特定する事項を赤枠の中に記載しなければなりません。）。

表3　役務ごとの定義、期間及び金額

特定継続的役務	期　　間	金　　額
いわゆるエステティックサロン	1月を超えるもの	いずれも5万円を超えるもの（入会金・受講料・教材費・施設利用料・関連商品の販売など）
いわゆる語学教室	2月を超えるもの	
いわゆる家庭教師	2月を超えるもの	
いわゆる学習塾	2月を超えるもの	

※　四役務のうちには、脱毛は、いわゆる「エステティックサロン」に該当するが、植毛、増毛、育毛は該当しないと考えられる。また、いわゆる「学習塾」には、小学校・幼稚園入学のためのコース及び浪人生のみを対象にした役務は該当しません。

⑰ マルチ商法（連鎖販売取引）

問17　1週間前、友人から楽しくてすばらしい仕事があると誘われて、説明会場に一緒に行きました。会場でビデオを見せられてから、「健康食品を買ってくれる人を紹介してください。その人が健康食品を購入してくれれば商品代金の15％の紹介料がもらえます。また、紹介者が一定以上になるとランクが上がり、もっと多くの利益を得ることができます」などと仕事の説明があった後、高収入を得たという人の体験発表があり、健康食品はそれほど欲しいとは思いませんでしたが、15％の紹介料が魅力であったし、自分でも簡単にできる仕事と思ったので、入会の条件になっている健康食品セット12万円の売買契約を締結して契約書を受け取るとともに、代金を支払いました。しかし、後で考えてみたのですが、そんなに勧誘することはできないと思うようになったので解約したいのですが、どうしたらよいでしょうか。

―ポイント―
　取引形態が特定商取引法上の「連鎖販売取引」に該当する場合、一定の条件のもとでクーリング・オフができる。

・・・●回　答●・・・
　今話された内容の取引は、特定商取引法では「連鎖販売取引」といい、また、マルチ商法といわれる販売形態に当たるのではないかと思われます。この販売形態に該当する場合であれば、特定商取引法が適用され、法律に定める書面を受領した日から20日以内であれば無条件で契約を解除することができます。
　しかし、お話だけではマルチ商法に当たるのかどうか判断するのは困難ですから、担当の〇〇課（〇〇警察署）に連絡しますので、そちらで詳しく話してください。

●――――――【解　説】――――――●
　商品を販売するとともに、商品を販売する新たな会員を勧誘すると高いリベートが得られるなどと称して、連鎖的に会員を増殖する商法を「マルチ商法」と呼んでいる。
　「マルチ商法」は、米国で生まれた商法で、マルチレベル・マーケティング・プラン

（多階層販売方式）の略称であり、特定商取引法では「連鎖販売業」と定義している。

　連鎖販売業は、広告を行う場合の一定事項の表示義務や契約締結前の書面及び契約締結後の書面の交付義務などの規制を受けるが、全面禁止されている「ネズミ講」と異なり、特定商取引法その他の法令に違反していない限りは合法とされているので、注意することが必要である。

　なお、対象商品は、「訪問販売」、「通信販売」及び「電話勧誘販売」「特定継続的役務提供」とは異なり、指定制、関連制をとっていないことから、健康食品、化粧品、家庭用品、下着、書籍等何でもよいことになっている。

1　特定商取引法の適用範囲

(1)　「連鎖販売業」の要件

　「連鎖販売業」の形態は、「物品」及び「施設を利用し又は役務の提供を受ける権利」の販売に係るものと、「有償で行う役務の提供」に係るものに大別される（特定商取引法33条）。

　ア　物品（権利）に係る「連鎖販売業」の要件

　　(ア)　「物品（権利）の販売（あっせんを含む。）事業」であること。

　　(イ)　「商品（販売の目的物たる物品）の再販売、受託販売又は販売のあっせんをする者を特定利益を収受し得ることをもって誘引」するものであること。

　　(ウ)　「特定負担を伴う」こと。

　イ　役務に係る「連鎖販売業」の要件

　　(ア)　「有償で行う役務の提供（あっせんを含む。）事業」であること。

　　(イ)　「同種役務の提供又は役務提供のあっせんをする者を特定利益を収受し得る

　　　　ことをもって誘引」するものであること。
　　(ｳ)　「特定負担を伴う」こと。
　ウ　用語の説明
　　(ｱ)　「特定利益」とは、次のいずれかの要件に該当するものをいうが、これらの利益は、いずれも組織の部外者ではなく組織の内部者（組織に加入することとなる者を含む。）の提供する金品を源泉とするものであり、いわゆる小売差益は含まれない。
　　　①　商品の再販売、受託販売若しくは販売のあっせんをする他の者又は同種役務の提供若しくは役務の提供のあっせんをする他の者が提供する取引料により生じるもの（例えば、「あなたが勧誘して組織に加入する人の提供する取引料の○○％があなたのものになる」と勧誘する場合）
　　　②　商品の再販売、受託販売若しくは販売のあっせんをする他の者に対する商品の販売又は同種役務の提供若しくは役務の提供のあっせんをする他の者に対する役務の提供により生じるもの（例えば、「あなたが勧誘して組織に加入する人が購入する商品の代金の○○％があなたのものになる」と勧誘する場合）
　　　③　商品の再販売、受託販売若しくは販売のあっせんをする他の者が取引料の提供若しくは商品の購入を行う場合又は同種役務の提供若しくは役務の提供のあっせんをする他の者が取引料の提供若しくは役務の対価の支払を行う場合に当該他の者以外の者が提供する金品により生じるもの（例えば、「あなたが勧誘して組織に加入する人があれば本部から一定の金銭がもらえる」と勧誘する場合）
　　(ｲ)　「特定利益を収受し得ることをもって誘引し」とは、特定利益を収受し得ることをもって連鎖販売取引をするように誘うことである。
　　　　また、特定利益は、相手方が連鎖販売取引をするか否かの意思決定の要素となるものでなければならず、例えば、特定利益が少ない額であって、相手方がそれをほとんど考慮しないような場合には、特定利益を収受し得ることをもって誘引したことにはならない。
　　(ｳ)　「特定負担」とは、商品の購入、役務の対価の支払又は取引料の提供のことである（金銭負担があるものはすべて規制対象）。
(2)　「連鎖販売業」の該当性
　　事例の販売形態は、健康食品の販売事業であって、相談者（この場合は商品の販売のあっせんをする者）を商品代金の15％のマージン（特定利益）をもらえるという

トークで勧誘し、その結果、12万円の健康食品を購入する（特定負担）ことを伴って商品の販売のあっせんに係る取引をしていることから特定商取引法上の「連鎖販売業」に該当し、適用除外にも当たらないため、特定商取引法の規定が適用される。

2 業者に対する行為規制

(1) 統括者、勧誘者に係る禁止行為（不告知、不実の告知）

　一連の連鎖販売業について、その運営を実質的に統括している者（以下「統括者」という。）又は統括者がその統括する一連の連鎖販売業に係る連鎖販売取引について勧誘を行わせる者（以下「勧誘者」という。）は、連鎖販売取引契約の締結について勧誘する際、又は契約の解除を妨げるため、次の事項について、故意に事実を告げず、又は不実のことを告げる行為をしてはならない（特定商取引法34条1項）。

　ア　商品（施設を利用し及び役務の提供を受ける権利を除く。）の種類及びその性能若しくは品質又は施設を利用し若しくは役務の提供を受ける権利若しくは役務の種類及びこれらの内容に関する事項

　イ　当該連鎖販売取引において条件とされる特定負担に関する事項

　ウ　当該契約の解除に関する事項（特定商取引法40条1項から3項までの規定に関する事項を含む。）

　エ　その連鎖販売業に係る特定利益に関する事項

　オ　前記に掲げるもののほか、その連鎖販売業に関する事項であって、連鎖販売取引の相手方の判断に影響を及ぼすこととなる重要なもの

(2) 連鎖販売業を行う者に係る禁止行為（不実の告知）

　連鎖販売業を行う者（統括者又は勧誘者以外の者であって、連鎖販売業を行う者に限る。）は、その統括者の統括する一連の連鎖販売業に係る連鎖販売取引についての契約の締結について勧誘をするに際し、又は契約の解除を妨げるため、前記(1)ア～オの事項について、不実のことを告げる行為をしてはならない（特定商取引法34条2項）。

(3) 統括者、勧誘者、連鎖販売業を行う者に係る禁止行為（威迫・困惑）

　統括者、勧誘者又は連鎖販売業を行う者は、その統括者の統括する一連の連鎖販売業に係る連鎖販売取引についての契約を締結させ、又はその連鎖販売業に係る連鎖販売取引についての契約の解除を妨げるため、人を威迫して困惑させてはならない（特定商取引法34条3項）。

　　　（注）具体的事例
　　　　1　不告知
　　　　　・統括者等の経営が破綻の危機に瀕している場合に、財産状況を告げない。

2 不実の告知行為
- 商品の性能、品質又は権利若しくは役務の内容について、事実に反する説明を行う。
- 特定負担、特定利益について、実際と異なるような説明を行う。
- クーリング・オフができるのに、理由を付けて解除ができないと告げる。

3 威迫・困惑行為
- 数人で取り囲んで契約を迫る。
- 夜中まで勧誘を続ける。

(4) 連鎖販売取引についての広告

　統括者、勧誘者又は連鎖販売業を行う者（販売者）が連鎖販売取引の広告を行う場合は、商品又は役務の種類、特定負担に関する事項等を表示しなければならない。また、特定利益について広告する場合はその利益の具体的根拠（計算方法）を表示しなければならない（特定商取引法35条）。

　また、商品の性能や品質、役務の内容や権利、特定利益等について誇大広告をしてはならない（特定商取引法36条）。

(5) 連鎖販売取引における書面の交付

　連鎖販売業を行う者は、特定負担について契約を締結するまでに、その連鎖販売業の概要を記載した書面を特定負担しようとする者に交付しなければならない。さらに、連鎖販売取引の契約を締結した場合は、その契約の内容を明らかにする書面を交付しなければならない（特定商取引法37条）。

(6) 適用除外

　連鎖販売取引についての契約の相手方が、連鎖販売業に係る商品及び権利の販売（あっせん）又は役務の提供（あっせん）を店舗によらないで行う個人（以下「無店舗個人」という。）でない場合は、特定商取引法第34条（禁止行為）、第37条（書面の交付）及び第40条（契約の解除）の規定の適用はない。

　このことは、法人及び店舗等によって営業する個人は、商取引に習熟していることが通常であるので、特定商取引法によって保護する必要はないと判断されているからである。

3 クーリング・オフ制度

(1) クーリング・オフ

　連鎖販売取引においてクーリング・オフを行うことができるのは、無店舗個人が連鎖販売取引について契約を締結した場合であって、次のいずれかに該当する場合である（特定商取引法40条）。

○ 契約締結時の書面を受領した日から20日以内であること。

○ 特定負担が再販売を行う商品の購入である場合で、商品の引渡しを受けた日が契約締結時の書面を受領した日よりも後の場合は、引渡しを受けた日から20日以内であること。

(2) クーリング・オフの方法

契約の解除は、「書面を発したときにその効力を生じる」(特定商取引法40条2項)としている。したがって、契約の解除を行うためには書面によらなければならないが、書式は特に決められていないので、はがき、封書による郵送でもよく、手渡しでもよい。しかし、後日のトラブルを防止するためには、配達証明付きの内容証明郵便を用いることが望ましい。

(3) クーリング・オフの効果

既に商品が引き渡されている場合には、その商品の引取りに要する費用は連鎖販売業を行う者の負担とされており、また、連鎖販売業を行う者は、クーリング・オフに伴う損害賠償又は違約金の支払いを請求することはできない。

なお、クーリング・オフに関する規定に反する特約で、契約の相手方にとって不利になるものは無効になる。

4 「マルチ商法」と「ネズミ講」

(1) 「ネズミ講」の定義

「マルチ商法」の概要については前述のとおりであるが、「ネズミ講」については、金品を支払って加入者となり、後順位会員の支払う金品から配当を受けることができ、後順位会員は二以上の倍率でネズミ算式に増殖するもので、はじめに支払った金品を超える金品を受けることができる仕組みのものをいうとされている（無限連鎖講の防止に関する法律）。

(2) 「マルチ商法」と「ネズミ講」の類似点と相違点

ア 類似点

- 組織に加入する際に、金銭等の負担が必要とされていること。
- 組織に加入した者は、他の者を勧誘して組織に加入させることによって利益が得られること。

イ 相違点

- 「マルチ商法」は商品の販売システムであるのに対し、「ネズミ講」は金品配当組織であること。
- 「ネズミ講」は、会員が二以上の整数倍で段階的に増加することが要件となっているが、「マルチ商法」では、増加倍率は要件とされていないこと。

(3) 合法と禁止

「マルチ商法」の場合は、特定商取引法その他の法令に違反していない限り合法とされており、一方、「ネズミ講」の場合は、他に利益を生む組織ではなく、終局において破綻すべき性質のものであることから全面的に禁止され、「ネズミ講」を開設、運営し、加入を勧誘することが禁止されているにとどまらず、単に「ネズミ講」に加入すること自体が禁止されている。

　なお、本来は金品配当組織であるのに、これを隠ぺいするために無価値な商品組織という脱法的な形態をとっている場合には、「ネズミ講」と認定されることもあるので、「マルチ商法」であるか「ネズミ講」であるかは、個々のケースを検討して判断する必要がある。

(4)　今後の対応

　近年のマルチメディアの進展を反映して、コンピュータ・ネットワークを利用した「マルチ商法」、「ネズミ講」の形態をとっている取引が出現しているが、いずれにしても「マルチ商法」、「ネズミ講」の場合は、その構成要件が複雑であることから、事件性も含めて担当の○○課（○○警察署）に連絡することが必要である。

⑱ ネットワーク利用商法

> 問18　10日前、インターネットのホームページを見ていたところ、中古パソコンのオークション（競売）が開催されていたので、興味があったことから参加したところ、落札したので、指定口座に代金を振り込みました。しかし、品物は送ってこないし、オークションの主催者とも連絡がとれなくなってしまいました。だまされたような気がするのですが。

―――ポイント―――
　インターネットによる申込みも特定商取引法の「通信販売」の態様であるが、通信販売には、クーリング・オフ制度の規定がない。

・・・●回　答●・・・

　今話された内容の場合、特定商取引法で定めている「通信販売」に当たると考えられますが、「通信販売」には無条件で契約を解除することができるというクーリング・オフ制度の規定がありませんから、振り込んだ代金を取り戻すためには民事法上の手続によって解決を図ることになります。詳しいことについては、最寄りの消費生活センターや弁護士等に相談してください。

　なお、最近、あなたと同様に、「ホームページに商品販売の虚偽の内容を登載して、代金をだまし取っていた」という詐欺事件等の例もありますので、あなたも犯罪の被害者になっていることも考えられます。事件担当の○○課（○○警察署）に連絡しますので、そちらにオークションの内容や代金を振り込んだ書類等をもとに詳しく話してください。

●――――【解　説】――――●

　事例のように、インターネットのホームページ上におけるオークションを仮装した商品の販売やバーチャルモール（仮想商店街）の仮想店舗の広告に掲載した商品の販売名下に、代金をだまし取る商法を「ネットワーク利用商法」と呼んでいる。

1　特定商取引法の適用

　「通信販売」については特定商取引法2条2項に規定されているが、その方法については、郵便のほか、「情報処理の用に供する機器」（特定商取引法施行規則2条2

号）となっており、これは、パーソナルコンピュータ等であり、インターネット等により申込みを行うものが当たるとされている。

事例の取引形態は、消費者がインターネットのホームページを見て、ネットワーク上でパソコン（特定商取引法施行令別表第1第24号に該当する指定商品）の売買契約を行い、しかも、除外規定にも当たらないから「通信販売」に該当することが考えられる。

2　クーリング・オフ制度

事例の場合、「通信販売」に当たると考えられるが、「通信販売」の場合、クーリング・オフ制度が設けられていないことから、契約の解除は民事法上の手続によることとなるので、最寄りの消費生活センターや弁護士等への相談を教示すべきである。

3　参　考

近年、マルチメディアの著しい発展により、事例の場合のほか、インターネット（パソコン通信）のID（ネットワーク上で身分を証明する番号）、パスワード（銀行のキャッシュカードの暗証番号のようなもの）を他人に使われたり、クレジットカード（番号）が盗まれ、パソコン通信で買物をされてクレジットカード会社から多額の金銭を請求されるなどの苦情・相談が増加している。

さらに、「電子マネー」が実用化される情勢にあり、電子商取引に係るトラブルの発生も懸念されるところである。

このような場合は、契約締結の相手方と連絡がとれるときは、配達証明付きの内容証明郵便で契約解除等の通知を出すほか、相手方が応じなかった場合は、民事法上の手続をとるよう教示すべきである。

また、インターネットのID、パスワードが他人に無断で使用されていたり、指定口座に代金を支払ったが品物が送ってこなかったりした場合には、刑法（有印私文書偽

造・同行使罪、詐欺罪等）に抵触することも考えられることから、事件担当の○○課（○○警察署）に通報すべきである。

　また、インターネットにおける通信販売では、「無料であるかと思わせる表示であったので、クリックして申し込んだら、有料であり、代金が請求された」などのトラブルがあることから、特定商取引法では、事業者に対して、分かりやすい画面表示を行うことを義務づけている。

（例）
- 　インターネット通販の申込画面などで、「ここをクリックすれば、有料である」ということを明確に示す。
- 　申込内容を確認でき、訂正することも可能にする。

第4章 利殖商法

第1 利殖商法をめぐる相談

　我が国の日本銀行における公定歩合の引き下げの経過は、平成3年7月に年6.0％から5.5％に引き下げられて以来、11回連続で引き下げられ、平成13年3月から過去最低基準の0.25％が続いている。
　このため、銀行、郵便局等の金融機関における預貯金の金利が最低の水準にあることから、幅広い年齢層を対象に、
○　「元本保証、安全・有利」をうたい文句にして、金銭を預かっているが、信用のおける会社であるか。
○　「出資額の○パーセントの金額を配当として定期的に支払う」との約束であったが、配当金を支払ってくれない。
○　解約したいが、会社と連絡がとれなくなった。
などの利殖商法をめぐる相談事例がある。

第2 利殖商法と法規制

　不特定かつ多数の者から業として預り金を受け入れることは出資の受入れ、預り金及び金利等の取締りに関する法律（以下「出資法」という。）で禁止されているが、その概要は次のとおりである。
1 「預り金」の禁止
　出資法第2条第1項は、「業として預り金をするにつき他の法律に特別の規定のある者を除く外、何人も業として預り金をしてはならない」と規定している。
　出資法は、銀行、長期信用銀行、信託銀行、信用金庫、信用組合、労働金庫、商工中金、農林中金、農漁協等の金融機関や郵便局など法律で認められている者以外の者が、不特定かつ多数の者から元本保証をした預金や貯金等を受け入れる業務を行うことを禁止している。
2 「預り金」の要件
(1)　「預り金」の定義
　出資法2条2項において、「預り金」とは、「不特定且つ多数の者からの金銭の受入で、預金、貯金又は定期積金の受入及び、借入金その他何らの名義をもってするを問わず、これらと同様の経済的性質を有するものをいう」と規定されている。
　また、当事者間において、預金等の受入れが行われることが社会的に不自然と思

われない程度に個別的なものである場合、預け主と預かり主とは、当該金銭の受入れ行為との関連において「特定」しているといい得るものと解されるので、「不特定」とは当事者間にこのような密接なつながりのない場合のことをいうものと解されている。

(2) 「不特定」性に関する判例

「不特定」性に関する判例は、次のようなものがある。

ア 「不特定且つ多数の者」とは、一般大衆を指称するのであり、その中に、たまたま少数の親族を含んでいたからといって、これを除外すべきものではない（最大判昭和36年4月26日）。

イ 「不特定」とは、特定していないことであり、一定の団体又は集団に所属する者に限定されていても、その所属員が多数であり、互いに個別的認識のない場合には、未だ特定しているとはいえない（福岡高判昭和37年7月11日）。

ウ 「不特定且つ多数の者」とは、一般大衆を指称すると解すべきであり、商品展示場のテナントに限って預り金行為をしたとしても、そのテナントなる者が、もともと新聞広告等による宣伝に応募した一般大衆である場合には、不特定且つ多数の者から預り金をしたものということができる（東京高判昭和55年9月11日）。

エ 「不特定且つ多数の者」とは、一般大衆を指称し、その中に少数の親族が含まれていたからといってこれを除外すべきではなく、単に金銭の受入者との間に面識があるとか、儀礼的な交際があるという程度ではいまだ特定の者とはいいがたい（名古屋高判昭和56年11月16日）。

(3) 借入金、出資金等の名目の場合の問題点

「借入金」という名目で金銭を受け入れたとしても、その受け入れた借入金の性質が実質的に預り金の性質をもつものであれば、その名目いかんにかかわらず違法な金銭の受入れとして処罰される。

真の「借入金」（消費貸借たる借入金）は、たとえ不特定かつ多数の者を相手とする場合であっても、本条にいう「預り金」には該当しないが、「借入金」という名義を使用したとしても、実質的には、「預金、貯金、定期積金」と同じ経済的性質を有するとすれば、その名称のいかんにかかわらず、「預り金」に該当する。

次に「出資金」についてであるが、「出資金」とは、共同事業のために出えんし、その事業から生じる利益の分配にあずかることを目的として提供される金銭をいうとされている。その典型的なものとして株式があるように、本来、「出資金」の受入は自由であるが、共同事業の出捐という性質上、事業が失敗すればその損失は出

資者が負うことから、常に「元本が保証」されることはあり得ないので、出資法第1条において、このようなことを暗示する金銭の受入を禁じている。

したがって、名目は「出資金」であっても実質は「預り金」となる場合は、借入金と同様に考えるべきである。

3 民事法上の解決

出資法には、クーリング・オフ制度が規定されていないことから、解約の手続は、まず、業者に解除を申し立て、それに応じない場合は、民事法に規定されている手続、つまり和解、調停及び民事訴訟等によってその解決を図ることになることから、最寄りの消費生活センター、弁護士等によく相談するよう教示する必要がある。

しかし、同様の相談が多数あった場合については、出資法違反のほか、刑法（詐欺罪）等に抵触することも考えられるので、受理後は速やかに担当の○○課（○○警察署）に引き継ぐ必要がある。

第3 相談者から聴取すべき事項

1 相談者から次の事項について具体的に聴取する。
　(1) 契約するに至った経緯（口コミ、電話か、面接か、広告か）
　(2) 業者に関する事項（業者名、所在地、担当者名、電話番号）
　(3) 勧誘時における業者の説明内容（元本保証、安全・有利などの欺罔トーク）
　(4) 契約内容等（預け入れ金額、期間、元本保証額、利息額、財テクの内容等）
　(5) 契約書面、預り証、支払い明細書、パンフレット、名刺等の有無
2 業者の信用度や契約の可否については、断定的な回答はしないようにすべきである。

(問) 利殖商法

> 問　Ａファンドという会社に、「当社が保証する優良ベンチャー企業に融資をすれば、元本保証、出資額の５％の金額を配当金として毎月支払う」というような条件で金銭を投資したが、ここ３か月、配当金を支払ってもらえず、会社とも連絡がつかなくなりました。解約したいのですが、どうすればよいでしょうか。
> 　　だまされた気もしますので、よく調べてください。

---ポイント---
1　契約解除に関する民事法上の規定、手続で契約解除ができる場合があることを説明する。
2　同種事案の検挙事例があるので、後日担当係から連絡させる旨を説明する。

●●●回　答●●●

　今お聞きした内容の契約は、いわゆる「利殖商法」といわれるもので、こうした契約を規制する法律として「出資の受入れ、預り金及び金利等の取締りに関する法律」、いわゆる「出資法」によって、銀行、信託銀行、信用金庫、労働金庫、農漁協等の金融機関や郵便局など法律で認められている以外の者が、不特定かつ多数の者から元本保証をした預金や貯金等を受け入れる業務を行うことが禁止されており、この法律には、契約の解除に関する特別の制度は存在しません。

　したがって、金銭を投資した契約の解除については、民法上の契約解除を適用することになりますが、詳細については、最寄りの消費生活センターや弁護士等に相談してみてください。

　なお、話を伺っておりますと悪質商法の被害に遭っていることも考えられますので、担当の係から連絡させます。更に詳しい内容について教えてください。

---【解　説】---

1　出資法の「預り金」事犯

　「預り金の禁止」に関しては、出資法２条において「業として預り金をするにつき他の法律に特別の規定のある者を除く外、何人も業として預り金をしてはならない」と規

定されている。

　相談事例の場合、不特定多数の客に対して、「元本保証する」、「出資額の５％の金額を配当金として毎月支払う」ことを条件に金銭の出資を受け、契約書を取り交わして金銭を預り、しかも顧客を広告等で募り、多額の出資金を獲得する業務内容であったことから、出資法で規制している業として預り金をしている疑いがある。

2　詐欺罪の検討

　出資法違反の疑いもあるが、相談事例の場合、「会社との連絡もつかなくなった」とのことであることから、超低金利の状況が続いていることを背景にして、幅広い年齢層を対象に、「元本保証、安全・有利」をうたい文句に、広く誘い込んで金銭をだまし取る預り金による詐欺商法の疑いも考えられる。

3　その他

　契約の解除方法等を教示し、その教示に従って解除通知を配達証明付きの内容証明郵便で解除通知を出したにもかかわらず、業者がこれに応じないような場合には、刑法（詐欺罪）等に抵触することも考えられるので、担当の係に引き継ぐ必要がある。

第5章 ネズミ講

第1　ネズミ講をめぐる相談

　一般的にネズミ講とは、「組織を２人の子供、４人の孫、８人の曾孫という形で、ネズミ算式に自己増殖させながら拡大を図り、組織の加入者が一定の金品を出えんし、所定の条件を成就すれば、順次一定額の金品の給付を受けるシステムの組織」といわれている。

　ネズミ講は、何らの生産活動を伴わず、必然的に破綻するものであるにもかかわらず、一般市民の射幸心をあおって誘い込み、結果的に大多数の加入者に経済的損失を与える反社会的な組織であることから、「無限連鎖講の防止に関する法律」により、これを開設、運営、加入を勧誘する行為等を禁止している。

　最近のネズミ講事犯は、商品販売を仮装するものや、マネーゲームと呼ばれるコンピュータネットワークを勧誘媒体として少額の現金を出えんさせるもの等、幅広い階層・年齢層を対象に多様な形態で行われ、

　　○　電子メールで、「リストの４人に1,000円ずつ支払えば、大金を手にすることができる。」などと勧誘された。

　　○　入会すれば、会から配当が支払われるとの約束であったが、全く配当がない。

などの相談事例がある。

第2　ネズミ講と法規制

　ネズミ講を開設、運営、加入を勧誘する行為等については、「無限連鎖講の防止に関する法律」で禁止されているが、その概要は次のとおりである。

1　無限連鎖講の定義

　無限連鎖講とは、

　　○　金品（財産権を表彰する証券又は証書を含む）を出えんする加入者が無限に増加する。

　　○　先に加入した者が先順位者となる。

　　○　以下これに連鎖して段階的に２以上の倍率をもって増加する後続の加入者がそれぞれの段階に応じた後順位者となる。

　　○　順次先順位者が後順位者の出えんする金品から自己の出えんした金品の価額又は数量を上回る価額又は数量の金品を受領する。

ことを内容とする金品の配当組織をいう。（無限連鎖講の防止に関する法律２条）

(1) 金品を出えんする加入者が無限に増加する。

　加入者が当該組織で定めている価額又は数量の金品を出えんし、そのような加入者が無限に増加するということであり、出えんする金品の名目、送付先のいかんを問わない。

　○　「金品」とは、金銭及び物品の両方を含む意味である。

　○　「出えん」とは、当事者の一方が自己の意思に基づいて財産上の損失をして他方に利益を得させることをいう。

　○　「無限に増加する」とは、組織の仕組み自体が、加入者が無限に増加することを理論的な前提として成り立っているということである。具体的には、加入者が後順位者2人を勧誘加入させ、その2人の後順位者がそれぞれ同じく2人の後順位者を勧誘加入させ、以下順次同様の方法により組織を無限に拡大させていき、最初に加入した先順位者は所定の組織が完成した時点で所定の金品を取得して組織を離脱し、後順位者も順次先順位者と同じ位置に到達した時点で所定の金品を取得し、順次組織を離脱していくようなものである。

　　このような組織は、加入者が途中で停止すれば成り立たないものであり、加入者の無限の増加が組織成立、運営上の絶対条件であるところから、「無限に増加して」に当たる。

　　例えば、加入者を特定の府県の住民に限ったり、限定された再加入を繰り返す形態のものであっても、実質的に無限の連鎖を前提にしなければ成り立たないような仕組みで運営されているものは、本法の対象となる。

(2) 先に加入したものが先順位者となる。

　組織への加入の順序によって組織における位置付け、順位が決まるということである。例えば、加入者が子会員2人を勧誘し、子会員がそれぞれ二人ずつを勧誘加入させていくような組織であれば、当初の加入者が先順位者であり、孫会員から見れば当初の加入者が第1順位の先順位者、子会員は第2位の先順位者ということになる。

(3) 以下これに連鎖して段階的に2以上の倍率をもって増加する後続の加入者がそれぞれの段階に応じた後順位者となる。

　○　「以下これに連鎖して段階的に2以上の倍率をもって増加」とは、加入者が次々と連続して順次2以上の倍率で増えていくことであり、典型的なものを例示すれば、一人の加入者がこれに連鎖する子会員2人を勧誘し、子会員2人がそれぞれこれに連鎖する孫会員2人ずつ計4人を勧誘し、孫会員4人がそれぞれこれに連鎖する曾孫会員2人ずつ計8人を勧誘するというように、加入者が

連鎖して1,2,4,8……というように増加していく組織である。「2以上の倍率」であるから、1,3,9,27……という増加でも、1,4,16,64……という増加でもよい。

また、文理上、加入者が連結して2以上の倍率で増えていくことで足り、その倍率が予め定められていることまでは必要ない。(東京地判昭和57年5月13日)

○ 「それぞれの段階に応じた後順位者」とは、当該組織における加入者がそれぞれの順序に従って先順位者より後の後順位者にあるということであり、前記の例示でいえば、最初の加入者からみれば、子会員は第1番目の後順位者、孫会員は第2番目の後順位者となる。

(4) 「順次先順位者が後順位者の出えんする金品から自己の出えんした金品の価額又は数量を上回る価額又は数量の金品を受領する」

○ 「先順位者が後順位者の出えんする金品から」とは、先順位者が後順位者から直接受領する金品はもちろん、後順位者が講開設者などに対して出えんし、これを原資として講開設者などが先順位者に交付する金品も含まれる。

○ 「出えんした金品の価額又は数量を上回る価額又は数量の金品を受領」とは、金品の受領者が加入時に出えんした価額又は数量よりも多額又は多数の金品を受領することであるが、上回っている額又は数量の多寡は問わない。

以上の各要件を具備し、かつ「金品配当組織」といえることが必要である。すなわち、当該講の目的が金品の配当を目的としたものであることが絶対条件である。したがって、物品の販売を目的とする形態のもの並びに給付の目的物が役務等の金品以外のものであるならば、本法の規制対象外となり、物品の販売、役務等が単なる名目に過ぎないもので実質的に金品の配当とみなされるならば、規制対象となる。

2 規制の概要

(1) 無限連鎖講の禁止

無限連鎖講を開設し、若しくは運営し、無限連鎖講に加入し、若しくは加入することを勧誘し、又はこれらの行為を助長する行為をしてはならない。(同法3条)

○ 「開設」とは、無限連鎖講を開き設けることで、組織の名称を付し、規約を作成し、事務所を設置し、広告を行う等、無限連鎖講の運営を開始し得る状態におくことである。

罰則は、3年以下の懲役若しくは300万円以下の罰金又はこれの併科である。(同法5条)

○　「運営」とは、無限連鎖講の組織、機構等をはたらかせることであり、具体的には、加入者の出えんする入会金を受領し、加入者の先順位者への送金先を指定し、条件の成就した先順位者に所定の金品を配当し、加入者名簿を作成し、これらの行為に広告宣伝を行う等事務を統括する等である。形態的には開設からさらに進展した状態であるが、具体的な運営行為を行うことが必要である。

　　罰則は、3年以下の懲役若しくは300万円以下の罰金又はこれの併科である。（同法5条）

○　「加入し」とは、自己が出えんした価額又は数量を上回る価額又は数量の金品を受領するため、本法の規定するところにより、金品を出えんするなどして、講の構成員となることである。

　　加入することは禁止されているが、直罰の規定は設けられていない。

○　「勧誘し」とは、他人に対し、無限連鎖講に加入するように勧め誘うこと。勧誘は特定の相手方に対して行われるものでなければならない。したがって、新聞広告や、街頭での不特定多数へのビラ配りは一般的にはこれにはあたらないが、ビラ配りに際して、特定者への加入を呼び掛けるなど、具体的な行為が伴えば勧誘に該当する。説明会場における加入呼び掛け、電話又は手紙による加入呼び掛け等は、本条に定める勧誘に該当する。勧誘された者が加入したかどうかは問わない。

　　罰則は、20万円以下の罰金である。（同法7条）

　　なお、反復継続の意思をもって勧誘を行い、しかもそのことが、その者の社会的地位を形成するなど、業として勧誘をした場合は、1年以下の懲役又は30万円以下の罰金となる。（同法6条）

○　「助長する行為」とは、無限連鎖講を開設し若しくは運営し、無限連鎖講に加入し、若しくは加入することを勧誘する行為を助けて成長させる行為であり、開設、運営等を助ける行為であれば、直接的であれ、間接的であれ、どのような形態であれ該当する。具体的には、無限連鎖講の開設、運営に必要な事務所の提供、集会場所の提供、広告宣伝の便宜供与、資金提供等である。

　　本法においては、助長する行為の直罰規定はないが、幇助罪に該当する場合が多いと思われる。

第3　相談者から聴取すべき事項

① 組織実態に関する事項（組織名、本拠地、主宰者、規模）
② 入会に至った経緯（勧誘者は、勧誘方法は、面接か、電話か、メールか、金員を支払ったか）
③ 勧誘時における説明内容（組織の仕組み、小資本で高収入が得られる等の勧誘トーク）
④ 入会目的（利殖目的か、商品購入目的か）
⑤ パンフレットやメール等の有無、あれば提出を求める。

問 ネズミ講の事例〜マネーゲーム

> 問 「リストの4人の口座に、千円ずつ振り込むだけ。あとはリストの一番上の人を削って順番を一つずつ上げ、自分の名前と口座を一番下に追加した新しいリストを作って、多くの人にメールを送るだけで、次々と会員が増え、その人たちから大金を手にすることができる。一番上の人を削除するので、ネズミ講にはなりません。」という電子メールが送られてきました。違法でなければ、参加してみたいのですが。

― ポイント ―
1 法律で禁止されている、無限連鎖講の勧誘行為に該当することを説明する。
2 安易に加入し、他人を勧誘すると処罰されるおそれがあることを説明する。

・・・●回　　答●・・・

　お尋ねのシステムは、一般にネズミ講と呼ばれているもので、その性質上必然的に破綻し、大多数の加入者に経済的な損失を与えるものとして、「無限連鎖講の防止に関する法律」により、「開設」、「運営」、「加入」、「加入することを勧誘」することが禁止されています。

　他人に入会を勧めることは、無限連鎖講の勧誘に当たりますので、安易にこれに加入し、電子メールを送るなどすれば、同法違反として処罰されるおそれがあります。

　なお、勧誘文書には、「一番上の人を削除する（先順位者が順番に抜けていく）のでネズミ講ではない。」と説明されていますが、加入者が無限に増加することを理論的前提として組織が運営されていれば、加入者が途中で抜けるかどうかにかかわらず、無限連鎖講となります。

―――――【解　説】―――――

1　無限連鎖講防止法違反の検討

　無限連鎖講については、「無限連鎖講の防止に関する法律」第2条において、

　　① 金品を出えんする加入者が無限に増加すること。
　　② 先に加入した者が先順位者となること。
　　③ 以下これに連鎖して段階的に2以上の倍率をもって増加する後続の加入者が

それぞれの段階に応じた後順位者となること。
④ 順次先順位者が後順位者の出えんする金品から自己の出えんした金品の価額又は数量を上回る価額又は数量の金品を受領すること。
⑤ 以上を内容とする金品の配当組織であること。

と定義され、同法第3条において、無限連鎖講を「開設し」、「運営し」、「加入し」、「加入することを勧誘し」、又は「これらの行為を助長する」行為が禁止されている。

相談事例の場合、
① すべての加入者が、自己の出えんした金品（4,000円）を上回る金品を得るためには、加入者の無限の増加が絶対要件であり、組織成立の理論的前提である。
② 組織への加入順に順位が決まり、後順位者が直接、先順位者に金品（1,000円）を出えんするシステムである。
③ 自己の出えんした金品（4,000円）を上回る金品を得るためには、少なくとも2人以上の子会員を加入させることが条件であり、理論上後続の加入者は2以上の倍率で増加する。
④ 加入者は、5段階目で組織を離脱することとなるが、理論上後続の加入者が2以上の倍率で増加することから、離脱時、自己の出えんした金品（4,000円）を上回る出えん金（2倍率で増加したと仮定し3万円）を受領することとなる。
⑤ 組織（加入者）は、金品配当を目的としたものである。

ことから、無限連鎖講に該当し、相談者に送られた電子メールは、特定の者への加入の呼び掛けにほかならず、無限連鎖講の防止に関する法律に禁止される、加入の勧誘に該当する。

2 商品販売（リポート販売）仮装形態について

最近、コンピュータネットワーク上において、サイドビジネス等と称し、リポート（情報）等の販売を名目とした金品配当類似組織が見受けられる。

これらの組織は、勧誘文書に、「情報（リポート）という商品があるのでネズミ講ではない。」等と説明している。

しかし、例え商品販売を介在させていても、その物が無価値に等しい場合等、加入者が商品性に着目して売買しているものではなく、後続会員からの出えん金受領を目的としている脱法的な形態については、金品配当組織とみなされ、無限連鎖講に該当することとなる。

第6章 証券取引商法

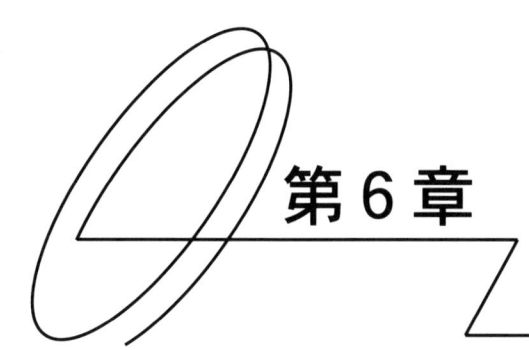

第1　証券取引等をめぐる相談

　証券取引等をめぐる相談は、免許のある証券会社との取引をめぐるものや、登録を受けた投資顧問業者との取引をめぐるものがそのほとんどを占めており、証券会社に係る相談内容としては、
- ○　証券会社のセールスマンに、お金を預けて任せていたところ勝手に運用され損をした。
- ○　絶対にもうかるといわれて株を購入したが、損をした。
- ○　執ような勧誘に迷惑している。

また、投資顧問業者に係るものとしては、
- ○　助言の内容がいい加減である。
- ○　もっと金を出せばよい情報を教えるといって顧問料を値上げされた。

といったものが多くみられる。

　このほか、無免許で証券業や無登録で投資顧問業を営んでいる悪質業者が、「短期間で必ずもうかる」、「値上がり株を安く分譲する」、「未公開株、仕手株がすぐ手に入る」などと一般投資者の利殖意欲をあおって言葉巧みに勧誘し、「二割の資金を出せば、会社が残り八割を低利で融資し、希望する銘柄株を購入してやる」（いわゆる「二八商法」）などと言って金銭等をだまし取るといった、証券取引を仮装した詐欺事件（「証券取引商法」という。）に絡む相談もある。

　これらの事犯では、悪質業者が、詐欺の発覚を免れるため、顧客の解約等の要求に対し、解約を引き延ばしたり、計算上顧客が損をするところで清算する（損切り手仕舞）といった巧妙な手口を用いていることから、顧客が被害に気付かないケースが多いため相談件数も少なくなっている。

　しかし、こうしたものに係る相談内容としては、
- ○　契約をしてしまったが解約ができるか。
- ○　株式取引を行っているが、いつも損をさせられている。どうもだまされているようだ。
- ○　清算してくれるよう要求しているが、これに応じてくれない。

といったものがある。

第2　証券取引商法と法規制

　この種事犯の相談に当たっては、証券取引商法の手口の特徴等を十分把握するとともに、証券取引法、有価証券に係る投資顧問業の規制等に関する法律（以下「投資顧問業法」という。）について、理解しておく必要がある。

1　証券取引法

(1)　証券業の免許制

　株券、国債証券等証券取引法上の有価証券の売買、売買の媒介・取次ぎ・代理等を行う営業を証券業といい（証券取引法2条8項）、証券業を営むには、内閣総理大臣の登録を受けた株式会社でなければならない（同法28条）。

(2)　規制の概要

　証券取引法は、投資者保護、取引の公正の確保、証券業の信用の維持等の見地から、証券会社に対して各種の行為規制を設けている。すなわち、証券会社は、「絶対もうかる」「損をしたときは会社が責任を持つ」「手数料を安くする」などと断定的判断の提供や、取引一任勘定の禁止（同法42条）、損失保証・損失補てん等による財産上の利益を提供する旨を申し込み、又は約束等を行ってはならない（同法42条の2）ほか、取引が成立したときは、遅滞なく、取引報告書を顧客に交付しなければならず（同法41条）、また、証券会社は、各地方財務局に備え付ける外務員登録原簿に登録を受けた者でなければ外務員（営業所以外の場所で、株券等の売買等の勧誘を行う者＝セールスマン）としての職務を行わせてはならない（同法64条）等とされている。

2　投資顧問業法

(1)　投資顧問業の登録制

　株券等証券取引法上の有価証券の価値等及びその分析に基づく投資判断（投資対象となる有価証券の種類、銘柄、数、価格、売買時期等の判断）について、報酬を得て投資者に口頭、文書その他の方法により助言を行う営業（いわゆる「投資助言業務」）を投資顧問業といい（投資顧問業法2条2項）、内閣総理大臣の登録を受けてこの業務を営む者が投資顧問業者である（同法4条）。

　また、投資顧問業者が、投資判断と投資に必要な権限（売買発注の代理等）を顧客から委任される契約を投資一任契約といい、投資顧問業者が、この契約に係る業務（いわゆる「投資一任業務」）を行おうとする場合は、上記の登録に加えて、内閣総理大臣の認可を受けなければならず（同法24条）、何人も、この認可を受けた

場合か、他の法律に特別の規定がある場合以外は、投資一任業務を営むことはできない（同法3条）。

(2) 規制の概要

これまでの投資者被害が、顧客の金銭、有価証券等を預かった上で、これを勝手に売買したり、実際には売買を行わずそのまま欺いてしまうといった形で発生していたことから、投資顧問業法は、投資顧問業者に対して、証券取引行為、金銭又は有価証券の預託の受入れ等を禁止（同法18条、19条）し、また、いわゆる10倍融資等を防止する観点から、金銭又は有価証券の貸付け、貸付けの媒介等を禁止（同法20条）している。

その他、顧客が契約前にその業者の内容及びどのような情報が提供されるのか等を把握し、契約後は、その契約内容を明確に確認することができるよう、契約の締結前及び契約の締結時に、それぞれ一定の事項を記載した書面の交付が義務付けられている（同法14条、15条）。

(3) クーリング・オフ

投資顧問業者と投資顧問契約を締結した顧客は、契約締結時の書面受領の日から10日以内であれば、無条件で一方的に契約の解除をすることができる（同法17条1項）。

この制度は、いわゆるクーリング・オフといわれるもので、契約解除の方法は、その契約を解除する旨の書面を送付すればよいことになっている。送付方法についての規定は特にないが、書面を発した時にその効力を生ずることから、後日のトラブルを防止するため、配達証明付き内容証明郵便で送付することが望ましい。

また、投資顧問契約は、一般に継続的契約関係であるといえるので、クーリング・オフにより契約を解除した場合においても、解除以前の契約は有効であるため、顧客は解除までの期間に相当する報酬額を支払う義務を負う。しかし、この場合においても、業者は内閣府令の範囲を越えて損害賠償又は違約金の支払いを請求することができない（同法17条3項）ほか、業者が解除までの期間に相当する報酬額を超えて前払い金を受けている場合には、その超えた額を返還しなければならない（同条4項）。以上の内容に反する特約がなされ、それが顧客に不利となる場合には、その不利な部分については無効となる（同条5項）。

なお、このクーリング・オフ制度は、投資一任契約業務については、適用が除外されていることに注意する必要がある。

第3　相談受理時の留意事項

1　相談者から次の事項について具体的に聴取する。
　(1)　勧誘された経緯（電話か、面接か、それとも広告か）
　(2)　業者の特定事項（業者名、所在地、担当者名、電話番号等）
　(3)　勧誘時における業者の説明内容（絶対もうかるなどの欺罔トーク）
　(4)　契約内容等（取引回数、支払金額、年会費等の報酬額、助言方法等）
　(5)　契約書面、売買報告書、計算書、名刺等の有無
2　業者の信用度や取引の可否については、断定的な回答はしないようにすべきである。

❶ 登録証券会社による不公正な勧誘

> 問1　証券会社〇〇証券の外務員から、「絶対もうかる。損をした場合は会社が責任をとる」などと勧誘を受けたので契約しようと思っていますが、大丈夫でしょうか。

―― ポイント ――
1. 法律で禁止されている勧誘行為であり、注意を喚起する。
2. 証券取引に関する相談は、日本証券業協会や金融庁・地方財務局が取り扱っていることを教示する。

●●●回　答●●●

　お話のような勧誘方法、すなわち、外務員が「絶対もうかる」とか、「損をしたときは、会社が責任をとる」などの約束をして勧誘することは、証券取引法で禁止されています。したがって、そうした言葉は信用すべきでなく、証券取引はもうかる場合もあれば損をする場合もあるということを肝に銘じて、自分の判断と責任において投資することが大切です。

　なお、こうした証券会社に関する問題については、日本証券業協会の証券苦情相談室や金融庁、各地方財務局が相談に応じてくれますので、一度相談をしてみてください。

　　　［問合せ先］
　　　　○　金融庁監督局証券課及び各地方財務局
　　　　○　日本証券業協会
　　　　　①　〒103-0025　東京都中央区日本橋茅場町1-5-8　東京証券会館内
　　　　　　　日本証券業協会　　　ＴＥＬ　03-3667-8451
　　　　　②　〒541-0041　大阪市中央区北浜1-1-16　大阪証券会館内
　　　　　　　日本証券業協会大阪地区協会　　　ＴＥＬ　06-6223-1051

●────────────【解　説】────────────●

1　証券会社と顧客との紛争処理

　日本証券業協会の定款は、証券取引法第74条の規定を受け、その業務の一つとして、「有価証券の売買その他の取引に関する顧客と協会員間及び協会員相互間の紛争の解決

をあっせんし、調停すること」を規定している。この定款に基づき、「協会員と顧客の紛争の調停および解決のあっせんに関する規則」が定められ、同規則第2条により地区協会に証券苦情相談室が置かれ、同相談室が紛争処理に当たることとされている。

2　証券会社及び役員・職員の不公正取引行為の禁止（証券取引法42条）

証券取引法は、投資者保護、取引の公正の確保、又は証券業の信用の維持等の見地から、証券会社とその役職員について、次のような勧誘行為を禁止している。

(1)　断定的判断の提供による勧誘（同法42条1項1号、2号、3号、4号）

顧客に対し、「この株はいくらまで上がるから買いなさい」とか、「この株は絶対下がるから今売りなさい」というような断定的なことを言って勧誘すること。

(2)　取引一任勘定の禁止（同法42条1項5号）

有価証券の売買等につき、顧客の同意を得ないで売買の別、銘柄、数又は価格について定めることができることを内容とする契約を締結すること。

これら(1)、(2)の規制に違反しても、罰則の適用はないが、法令違反として行政処分（証券会社の免許の取消し・業務の停止、外務員の登録の取消し・職務の停止）の対象となる。

(3)　損失保証・利回保証の禁止（同法42条の2第1項1号）

有価証券の売買等について、顧客に損害が生ずることとなり、又はあらかじめ定めた額の利益が生じないこととなった場合にはこれを補てんし、又は補足するため財産上の利益を提供する旨を、当該顧客等に対し申し込み、又は約束すること。

(4)　損失補てん・利益追加の禁止（同法42条の2第1項2号、3号）

有価証券の売買等について生じた顧客の損失を補てんし、又は利益に追加するため、財産上の利益を提供する旨を当該顧客等に対し、申し込み又は約束すること。

有価証券の売買等について生じた顧客の損失を補てんし、又は利益に追加するた

め、当該顧客等に対し、財産上の利益を提供すること。

(3)、(4)の違反に対しては、3年以下の懲役又は300万円以下の罰金、場合によって併科（同法198条の3）される。

なお、証券会社自身は、同法第207条第1項の両罰規定によって、3億円以下の罰金が科せられる。

❷ 証券会社外務員の横領行為

> 問2　証券会社Ａ証券の外務員甲に、Ｂ運輸株式会社の株を買い付けてくれるよう依頼し、買付代金を手渡しましたが、いつまでたっても株券を渡してくれないので、外務員を追及しましたところ、言を左右にして、はっきりした回答をしてくれません。そこで、Ａ証券に抗議したところ、「それは甲とあなたの問題であり、当社には関係のないことだ」と言ってとりあってくれないのですが、どうしたらいいでしょうか。

―ポイント―
1　外務員の権限と会社の責任について説明する。
2　証券会社とのトラブルについては、日本証券業協会や金融庁・地方財務局でも相談を受け付けていることを教示する。
3　業務上横領罪の適用について検討する。

・・・回　答・・・

　今お話された内容だけでは、はっきりしたことは申し上げられませんが、証券会社の外務員が、有価証券の売買等の取引に関して投資者との間で行った行為については、投資者側に悪意がない限り、証券会社が責任を負うこととなっています。したがって、仮に甲が、あなたから預かったお金を個人的に使った場合でも、Ａ証券会社は、甲の行為について責任を負うことになりますが、こうした証券会社とのトラブルについては、日本証券業協会の証券苦情相談室が紛争の処理に当たってくれますし、金融庁や地方財務局でも相談にのってくれますので、一度そちらの方に相談してください。

　なお、外務員の行為は、業務上横領の疑いもありますので、担当の者から連絡させますから詳しい話をお聞かせください。

【解　説】

1　外務員の登録制（証券取引法64条）

　外務員（セールスマン）の職務は、証券会社の役員又は従業員であって、日本証券業協会が実施する証券外務員資格試験に合格した者等で、しかも、各地方財務局に備え付ける外務員登録原簿に登録を受けなければ従事することはできないこととされている。

2　外務員の権限と証券会社の責任（法64条の3）

　証券会社の外務員は、その所属する証券会社に代わって、その有価証券の売買その他の取引に関し、一切の裁判外の行為を行う権限を有するものとみなされており、証券会社が内部的に外務員の権限を制限している場合であっても、証券会社は、外務員が有価証券の売買等に関して行った行為については、責任を負わなければならない。ただし、この規定は、あくまでも、善意の第三者を保護するために設けられたものであるから、相手方（投資者）が悪意（ある事実を知っていること）である場合には適用されない。

3　外務員をめぐるトラブルと犯罪

　外務員は、顧客の家庭等を訪問して、有価証券の売買やその勧誘をするため、これに関連して顧客から売付委託や担保として有価証券を受け取ったり、買付代金、証拠金として金銭を受領したりすることがある。

　売付委託を受けた有価証券を遊興費等に充当する目的で売却した場合は、有価証券自体の業務上横領罪が、委託の趣旨にしたがって有価証券を売却しその代金を保管中、遊興費に消費した場合は、現金の業務上横領罪がそれぞれ検討される。

　また、買付委託を受け、その代金や証拠金として受領した金銭を他に流用した場合及び買付注文に応じて買い付けた株券を、顧客に引き渡す前に転売し流用した場合も、それぞれ業務上横領罪が検討される。

❸ 投資顧問契約のクーリング・オフ

> 問3　C投資顧問㈱という投資顧問会社と投資顧問契約をしましたが、不安になったので解約したいと思います。どうしたらいいでしょうか。

ポイント
1. 投資顧問業の登録を受けている業者か否かの確認方法について説明する。
2. クーリング・オフ制度の内容及び方法について説明する。

・・・●回　答●・・・

　お話の場合、契約された業者が総理大臣の登録を受けた投資顧問業者であれば、契約締結時の書面を受領した日から10日以内に限り、無条件で投資顧問契約を解除することができます。この制度をクーリング・オフといいます。

　契約の解除は、書面で行わなければならないこととなっておりますが、後日のトラブル防止のために、配達証明付き内容証明郵便で解約解除の通知を出してください。

　登録の有無については、金融庁及び各地方財務局か、日本証券投資顧問業協会に電話等で確認してください。また、解約通知を出したにもかかわらず、登録業者が解約に応じてくれない場合にも、金融庁及び各地方財務局か、日本証券投資顧問業協会が相談に乗ってくれますので、これらの機関に相談されることをお勧めします。

　契約締結時の書面を受領した日からすでに10日を経過している場合、又は相手業者が無登録業者の場合は、クーリング・オフ制度の適用がありませんので、とりあえず相手業者に解約を申し込んで下さい。もし、これに応じてもらえない場合は、民事法上の手続によって行うことになりますので、その点の詳しいことについては、弁護士等に相談してください。

　なお、無登録で投資顧問業を営むことは、法律に違反しますので、無登録業者であることが確認できた場合は、もう一度ご連絡ください。

　　［問合せ先］
　　　○　金融庁監督局証券課及び各地方財務局
　　　○　〒103-0025　東京都中央区日本橋茅場町2-1-1　第二証券会館7階
　　　　　社団法人　日本証券投資顧問業協会の苦情相談室
　　　　　　　　　　　　　　　ＴＥＬ　03-3663-0505（代表）

─────────────【解　　説】─────────────

1　無登録営業の禁止と登録確認（投資顧問業法4条）

　投資顧問業を営もうとする者は、総理大臣の登録を受けなければならないこととされており、また、登録簿は、公衆の縦覧に供することとされている。したがって、前記のとおり、金融庁及び地方財務局において確認できるほか、日本証券投資顧問業協会においても確認できるようになっている。

2　クーリング・オフ制度（同法17条）

(1)　クーリング・オフ制度による解除の方法（1項、2項）

　投資顧問業者と投資顧問契約を締結した顧客は、契約締結時の書面受領の日から10日以内であれば、無条件で一方的に契約の解除をすることができる。その方法は、書面によることとされており、その効力は、書面を発したときに生ずることとされている。書式についての規定は特にないが、後日のトラブル防止のため、配達証明付き内容証明郵便で送付することが望ましい。

　この規定は、登録を受けた投資顧問業者との投資顧問契約の解除についてのみ適用があり、無登録業者とのそれについては適用されない。したがって、無登録業者との間でした投資顧問契約についてこれを解除する場合は、民事法（民法651条「各当事者の解除権」等）の手続によることとなる。

(2)　クーリング・オフ制度による解除と報酬額の清算（3項、4項）

　投資顧問契約は、継続的契約関係であるといえるので、解除した場合、解除の効果は将来に向かって生じるが、それ以前の契約は有効であるので、顧客は解除までの期間に相当する報酬額を支払う義務を負うことになる。しかし、投資顧問業者の解約に

関する不当な特約を排除するため、投資顧問業者は、解除までの期間に相当する報酬額として、次の金額を超えて損害賠償又は違約金の支払を請求することはできず、また、報酬の前払いを受けているときは、その額から、次の額を控除した金額を返還しなければならないこととされている（投資顧問業法施行規則20条）。

- ○ 助言を行わなかった場合は、契約締結のために通常要する費用の額
- ○ 報酬額を助言の回数に応じて算定するものと約定しているときは、その回数に応じて算定した額
- ○ それ以外は、1日平均の報酬額に契約書面を受領した日から、解除時までの日数を乗じた額

3 民事法上の解決

クーリング・オフ制度が適用できない場合であっても、投資顧問契約は、委任契約の一種であるから、特約のない限り、顧客はいつでもこれを解除することができる（民法651条）。

解約の手続は、まず業者に解約を申し入れ、これに応じてもらえない場合は、民事法上に規定する手続、つまり、和解、調停及び民事訴訟等によって行うこととなる。

④ 投資一任契約及び投資顧問業者の金銭の受入れ行為

> 問4　D株式情報㈱という投資顧問会社と投資顧問契約を結んで、電話による株式情報の提供を受けていますが、この業者から「大きくもうけるためには、タイムリーな売買が絶対条件だ。500万円ほど私に預けて一切任せてみないか」との勧誘を受けています。大丈夫でしょうか。

──ポイント──
1 投資一任業務の認可業者か否かの確認方法について説明する。
2 投資顧問業者による証券取引行為の禁止違反及び無免許証券業違反等について検討する。

・・・●回　答●・・・

　今話されたような、投資判断と投資に必要な権限（売買発注の代理等）を投資顧問業者が、投資者から委任されている契約を投資一任契約といいますが、投資顧問業者が、この業務を行おうとする場合は、総理大臣の認可を受けなければならないことになっています。したがって、契約されている業者が、投資一任業務の認可業者か否かを金融庁又は各地方財務局、若しくは日本証券投資顧問業協会に電話等で確認してください。

　もし、その業者が、投資一任業務の認可業者でなければ、投資一任業務を行うことはできませんので、こうした勧誘には乗らないことです。また、たとえ認可業者であっても、お客さんから金銭や有価証券を受け入れることは、法律で禁止されていますので、お金は預けないことが大切です。

　なお、お話の会社は、証券取引法や投資顧問業法に違反している疑いもあり、また、これまでに警察で摘発した事件の中に、お話のような方法で株式買付資金名下にお金をだまし取られた事例もあります。折り返し、担当者から連絡させますから、詳しいお話をお聞かせください。

───────【解　説】───────

1 投資一任契約

　投資一任契約とは、投資顧問業者が顧客から有価証券の価値等の分析に基づく投資判

断の全部又は一部を一任されるとともに、当該投資判断に基づき当該顧客のため投資を行うのに必要な権限を委任されることを内容とする契約をいう。

2　投資一任契約に係る業務の無認可営業の禁止（投資顧問業法24条）

投資顧問業者は、投資一任契約に係る業務を行おうとするときは、その行おうとする業務の内容及び方法を定めて、総理大臣の認可を受けなければならない。

総理大臣は、認可するに当たっては、業務を健全に遂行するに足りる財産的基礎を有し、かつ、業務の収支の見込みが良好なものであるか、及びその人的構成に照らし、業務を公正かつ的確に遂行することができる知識及び経験を有し、かつ、十分な社会的信用を有するものであるかを審査しなければならない（同法27条）。また、認可を受けられる投資顧問業者は、株式会社に限定されている。

3　証券取引行為、金銭等の受入れ等の禁止（同法18条、19条）

投資顧問業者は、その行う投資顧問業に関して、顧客との間で株式等の売買をしたり、顧客のために証券会社に売買の取次ぎ等をしてはならない。ただし、投資一任業務を行う場合にあっては、その行う投資一任業務に関して、顧客のために証券会社に対して売買の代理等をすることができる。

また、投資顧問業者は、いかなる名目であっても、その行う投資顧問業に関して、顧客から金銭や株券等の預託を受け、又は当該投資顧問業者と密接な関係を有する一定の者（投資顧問業者の一定の範囲の親族、役員、使用人等）に顧客の金銭や株券等を預託させてはならないこととされている。

これらの規定は、投資顧問業をめぐる投資者被害の多くは、投資顧問業者が、顧客から金銭、有価証券の預託を受け、顧客の意思を無視して売買したり、又は売買するように見せかけて、顧客の金銭をだまし取ってしまうといったケースがあったことから、これらを防止しようとするものである。

❺ 無登録証券会社による証券取引商法（二八商法）

> 問5　2か月前に、E経済㈱という会社から電話があり、「株式買付代金の2割を保証金として出せば、残り8割は当社が低利で融資し、希望する株式を買い付けてあげる。買い付けた株券は、融資金の担保として会社で預かります」と言われ、保証金の150万円を指定された銀行に振込み、取引を始めました。その後、数回の売買で利益が出たので、清算を申し入れましたが、「まだ上がるので、今清算したら損です」「今担当の者がいないので、待ってください」などと言を左右にし、これに応じてくれません。どうしたらいいでしょうか。

ポイント
1. 信用取引について概要を説明する。
2. 証券金融業者について説明する。
3. 同種事案の検挙事例があるので、後日専務係から連絡させる旨を説明する。

●●●回　答●●●

　お話されたように、株式買付代金の何割かの保証金を出し、証券会社から代金の融資を受けて行う有価証券の取引を信用取引といいますが、この取引は、免許を受けた証券会社に、「信用取引口座設定約諾書」を差し入れて、約定価格の30％以上の「委託保証金」を納めた場合に行うことができるものです。したがって、この会社が、正規の証券会社か否かを金融庁や日本証券業協会等で確認し、免許を受けた証券会社であれば、金融庁及び各地方財務局や日本証券業協会苦情相談室が、この種のトラブルの解決に当たってくれますので、相談してください。

　この会社が免許を受けた証券会社でない場合は、民事法上の手続によって支払われた「委託保証金」の返還請求をしなければなりませんが、その手続等詳しいことについては、弁護士等に相談してください。

　また、お話の内容からすると、無免許証券業違反や詐欺事件の疑いがあります。折り返し、担当者から連絡させますから、詳しいお話をお聞かせください。

【解　　説】

1　証券業の免許制（証券取引法28条）

　証券業は、総理大臣の登録を受けた株式会社でなければこれを営むことができず、登録業者であるかどうかの確認は、金融庁、日本証券業協会で電話により回答してくれる（本章第2、1参照）。

2　信用取引

　(1)　信用取引の定義

　　信用取引とは、「証券会社が顧客に信用を供与して行う有価証券の売買その他の取引」をいう（同法156条の3）。すなわち、証券会社が、顧客が有価証券を買う代金を貸したり、顧客が売る有価証券を貸したりすることによって行われる取引である。証券取引法上、信用取引は、「有価証券の売買その他の取引」について行えることとなっているが、証券取引所規則等により、実際には、市場第一部上場銘柄の株式の売買取引に限られている。

　(2)　保証金の預託

　　信用取引の委託を受けた証券会社は、買付委託の場合は、買い付けた株券を貸付金の担保として、売付委託の場合は、売却代金を貸し付けた株券の担保として徴するが、証券会社は、これとは別に委託保証金として、信用取引による売買が成立した翌々日正午までに、約定価格の30％以上の現金（委託保証金）又は有価証券（これを保証金代用証券といい、一定の率により現金に換算する。）を徴することとなっている（証券取引法161条の2に規定する取引及びその保証金に関する省令）。

　(3)　返済期間と方法

顧客は、信用取引により生じた証券会社に対する債務（金銭の借入れ又は株券の借入れ）を、約定日から6か月以内に、返済しなければならないが、それには、担保に徴されている株券又は売付代金で反対売買を行い差額を決済する方法と、他で調達した現金又は株券を返済に当てる方法がある。

3　証券金融業者

　証券担保金融の仕組みは、株券を担保として貸金業を営んでいる証券金融業者が、顧客が持ち込んだ現金や有価証券を担保にその4～5倍の投資資金を貸し付け、貸付けを受けた顧客は、買った株券を証券会社から引き出し、この貸金業者に担保として差し入れるというものである。

　証券金融業者の貸出金利は業者や貸付額によって様々であるが、証券会社での信用取引における金利に比べると高くなっている。

4　証券取引商法の手口

　証券業の免許を持たない会社や、無登録で投資顧問業を営んでいる業者等が、証券取引を仮装して、株式買付資金やその融資保証金等名下に金銭等をだまし取る事犯を「証券取引商法」というが、その手口は、次のとおりである。

(1)　勧誘手口

　ア　二八（にっぱち）商法等

　　○　値上がり確実な株がある。買付代金の二割を出してもらえば、残り八割は我が社で融資する（二八商法）。

　　○　三割出資すれば、残り七割は当社で融資する。わずかな資金で大きくもうけてみないか（三割屋）。

　　○　仕手株が入手できる。当社で保証金の10倍の資金を融資する。一口乗らないか（10倍融資）。

　イ　株の分譲

　　○　当社が以前に買入れた株を、時価より安く分譲してやる。

(2)　悪質業者の解約拒否等の手口

　悪質業者は、上記のような勧誘手口で、証券取引に誘い込んだ後、客から受けた売買注文に対しては、「売買報告書」「証券預り証」を送付し、注文どおりの売買取引を行っているように仮装し、最初はもうかったように装い、いったんは顧客に利益金を払い戻し、さらに大きな取引に誘い込んで多額の保証金を出させたり、損失が生じたとして追加保証金（追証）を要求する。

　そして、客からの清算（手仕舞）要求に対しては、

　　○　この株は、まだ、更に値上がりする。

○ これから月末にかけて値を持ち直す。今、手放したら損だ。

○ 今、担当者がいないので分からない。

○ もっといい銘柄が分かったので、今の株を売って乗り換えよう。

などといって、清算に応じないほか、株価の下がったところで手仕舞して株式売買取引により損をしたように装ったり、頻繁に売買を繰り返しているように見せかけて、手数料、金利、取引税名目で損をしたように装うこともみられる。

❻ 無登録投資顧問業者による証券取引商法の事例（株の分譲）

> 問6　F投資顧問㈱と年会費20万円で投資顧問契約を結び、アドバイスを受けていましたが、「年会費80万円の特別会員になれば、会社で以前購入した値上がり株を安価でお譲りします」と言われ、先日同社の指定する銀行口座に年会費80万円と株式買付代金200万円を振り込みました。ところが、いつまでたっても株券を送ってこないので請求しましたところ、「会社で預かっておくので心配しなくてよい」などと言って、なかなか株券を渡してくれません。どうしたらいいでしょうか。

── ポイント ──
1. 登録を受けた投資顧問業者か否かの確認方法について説明をする。
2. 証券取引行為の禁止等について説明する。
3. 同種事案の検挙事例があるので、担当係から連絡させる旨を説明する。

●●●回　答●●●

　投資顧問業を営むためには、総理大臣の登録を受けなければならず、また、この登録を受けていても、投資顧問業者が、その投資顧問業に関して、顧客を相手方として証券取引行為をすることは法律で禁止されていますので、まず、契約をされた業者が、総理大臣の登録を受けた投資顧問業者かどうかを金融庁及び各地方財務局や日本証券投資顧問業協会で確認してください。

　登録業者であれば、金融庁か各地方財務局あるいは証券投資顧問業協会苦情相談室が、こうしたトラブルの解決に当たってくれますので相談してください。

　また、無登録業者の場合は、引渡請求や返還請求は、民事法上の手続によって行うことになりますので、詳しいことについては、弁護士等に相談してください。

　ところで、これまで警察で摘発した事件の中にも、このような方法で株式買付資金名下にお金をだまし取られた事例があります。折り返し、担当者から連絡させますので、詳しい話をお聞かせください。

【解　説】

1　無登録営業の禁止と登録確認

問3の【解説】1参照

2　投資顧問業者に対する規制

投資顧問業者に対する主な禁止行為は、次のとおりである。

(1) 証券取引行為の禁止（投資顧問業法18条）

投資顧問業者は、その行う投資顧問業に関して、顧客との間で株式等の売買をしたり、顧客のために証券会社に売買の取次ぎ等をしてはならない。また、投資一任業務を行う場合は、その行う投資一任業務に関して、顧客のために証券会社に対して売買の代理等をすることはできるが、顧客を相手方として株式等の売買をすることは禁止されている。

(2) 金銭又は有価証券の預託の受入れ等の禁止（同法19条）

投資顧問業者は、いかなる名目であっても、その行う投資顧問業に関して、顧客から金銭や株券等の預託を受け、又は当該投資顧問業者と密接な関係を有する一定の者（投資顧問業者の一定の範囲の親族、役員、使用人等）に顧客の金銭や株券等を預託させてはならない。

(3) 金銭又は有価証券の貸付け、貸付けの媒介等の禁止（同法20条）

投資顧問業者は、その行う投資顧問業に関して、顧客に対し金銭若しくは株券等を貸付け、又は顧客への第三者による金銭若しくは株券等の貸付けにつき媒介、取次ぎ若しくは代理をしてはならない。これは、過去における投資顧問業に関する投資者の被害が、金銭又は有価証券の貸付けと結び付いて大型化したことから禁止したもので

ある。

3 投資顧問業者による証券取引商法の手口

当初、投資顧問契約を結んだ上、いい加減な情報を提供し、顧客を信用させた後、

○ さらに上の特別会員になれば、仕手株筋のマル秘情報を教えます。

○ 顧問料はもうかった時で結構です。

○ 当社で安い時に買っておいた株が既に値上がりしており、特別会員になれば、その株を買った当時の安い価格でお譲りします。

などと勧誘し、株式売買代金名下に金銭をだまし取り、さらに、資金のない顧客については、

○ 当社と提携している証券金融会社が融資する。

などと申し向けて、その保証金と称して金銭をだまし取るといった手口を用いている。

また、顧客に対しては、証券会社の「売買報告書」、「証券預り証」等を偽造して送付し、注文どおりの売買取引を行っているように装ったりするなど、その手口は巧妙である。

また、これらは、無登録業者によって行われる場合が多いが、中には、登録を受けた投資顧問業者によって行われる場合もある。

第7章 先物取引

第1　先物取引をめぐる相談

1　先物取引の特徴

「先物取引」とは、3か月後あるいは6か月後といった将来の一定時期に商品及びその対価の授受を行うことを約する売買取引であって、通常一般の取引と異なり、商品の受渡し期限がくる前に最初の取引と反対の取引（買い付けていたものは転売し、売り付けていたものは買い戻す）をすれば、商品の受渡しをせずに売値と買値の差額だけを授受すること（「差金決済」という。）によって取引を終わらせることができる取引である（先物取引では、商品の受渡しをすることはほとんどなく、差金決済をするのが常である。）。

このような先物取引には、「国内先物取引」と「海外先物取引」がある。「国内先物取引」とは、国内の市場において行われる先物取引で、市場としては、商品取引所法の規制を受ける商品取引所の商品市場と私設市場がある。「海外先物取引」とは、海外に所在する先物取引市場で行われる先物取引である。

　　（注）　私設市場については、平成2年12月29日施行された商品取引所法の一部を改正する法律（法律第52号）により実質的に禁止されているが、特定の商品の売買等を業とする当業者が、委託を受けないで行っている、いわゆる「仲間市場」は除外されている。

2　先物取引を行う業者

顧客の委託を受けて「国内先物取引」を行う業者としては、商品取引所法に基づき主務大臣の許可を受けている商品取引員（平成11年現在、113社がある。）がある。

「海外先物取引」を行う国内の業者としては、海外に所在する先物取引市場における先物取引の受託等を行う海外商品取引業者がある。

なお、先物取引という点では全く同じであるが、砂糖や金等の商品以外に金融商品市場の急速な拡大により、①国債証券、株券等の有価証券、②株価指数等の有価証券に係る金融商品、③通貨、金利等の金融商品（証券取引法にいう有価証券を除く。）が先物取引の対象となっており、①②については証券取引法の規制、③については金融先物取引法の規制を受ける。

3　先物取引の手順

顧客が先物取引に参加する場合の手順について、国内の商品取引所の商品市場で行われる先物取引を例にとって説明する。

委託者は、商品取引員と売買取引を委託する旨の契約をした後、ある商品について将来の値上がりを予測して「買い」の注文又は将来の値下がりを予測して「売り」の

注文を指示し、注文額に応じて上場商品ごとに各商品取引所が定めている「委託証拠金」（総取引代金の5～10％程度）を預託する。

　商品取引員は、委託者の指示に基づき商品取引所で買い又は売りの新規注文を成立させる。その後、委託者は、市場の値動きに注意して売買取引を決済したい時は商品取引員に始めの取引とは反対の売買（「転売」又は「買戻し」）の注文を指示し、商品取引員は、その指示に基づいて商品取引所で転売又は買戻しの仕切り注文を成立させ、決済した差損益金及び委託手数料を商品取引員と委託者との間で受払いし、取引を終了する。

　海外先物取引の場合もほぼ同様の流れである。

4　先物取引をめぐる相談

　警察等に寄せられた過去の苦情・相談事例などをみると、海外商品取引業者と私設先物取引業者に対する苦情・相談が多いが、商品取引員に係る苦情・相談も少なくない。

　先物取引に関して、寄せられる苦情・相談等の主な内容としては、

- 信用できる会社なのか。
- 執拗な勧誘を受けて困っている。
- 契約していないのに「契約している」と言われた。
- 追加保証金を要求されたが、どうしたらよいか。
- 取引をやめたいのに解約に応じてくれない。

などであり、強引な勧誘と取引の引き延ばしに関するものが目立っている。

第2　先物取引と法規制

1　先物取引に対する法規制の体系

国内・海外	取引所	対象商品	規制法律
国内先物	商品取引所	政令指定商品等 　例　豆類、砂糖、金等	商品取引所法
	証券取引所	有価証券※ 　例　株式、国債証券 有価証券に係る金融商品※ 　例　株価指数	証券取引法
	金融先物取引所	通貨等（証券取引法にいう有価証券を除く。）※ 　例　通貨、預金金利等	金融先物取引法

	私設市場	例 パラジウム	商品取引所法により実質的に禁止
海外先物	政令指定海外商品市場 　例　香港…大豆、砂糖、金 　　　ニュー・ヨーク…コーヒー豆、カカオ豆、砂糖 　　　シカゴ…小麦、大豆、牛、豚		海外商品市場における先物取引の受託等に関する法律
	上記以外の非政令指定海外商品市場 （金融先物取引法及び証券取引法で規制されているものは除く。）		無規制
	有価証券に係る金融商品※ 　例　株価指数―Ｓ＆Ｐ500		証券取引法
	通貨等（証券取引法にいう有価証券を除く。）※ 　　通貨、預金金利等―ユーロダラー金利―		金融先物取引法

（注1）　※については、現在のところ苦情・相談等はほとんどないことから、本書では触れていない。

（注2）　国内先物の私設市場については、平成2年12月29日施行された商品取引所法の一部を改正する法律（法律第52号）により実質的に禁止されている。

2　商品取引所法による規制概要

　商品取引所法が規制の対象としている先物取引は、同法に基づき主務大臣の許可を得て設立された商品取引所の商品市場における農産物、貴金属等法律・政令で指定された商品（別表1）の先物取引である。

　商品市場における取引の委託を受け、又はその委託の取次ぎを引き受けようとする者は、主務大臣の許可を受けなければならず（商品取引所法126条）、この許可を受けた会員を商品取引員という。

　商品取引員は、登録外務員以外の者に、受託業務を行わせてはならない（同法136条の4）とされているほか、委託契約の締結前の書面交付（同法136条の19）、売買取引が成立したときの書面による通知（同法136条の21）が義務付けられ、さらに、顧客に対し利益を生ずることが確実であることや損失保証をすること等を申し向けて勧誘する行為等が禁止（同法136条の18）されている。

3　「海外商品市場における先物取引の受託等に関する法律」（以下「海外先物取引規制法」という。）による規制概要

　海外先物取引規制法により規制を受ける海外先物取引は、政令で指定された海外商品市場（海外物取引規制法施行令2条、別表2）の取引に限られる。したがって、政令指定された海外商品市場以外の先物取引については何ら規制は及ばないし、また、その規制は業者の行為規制であり、営業を始めるについての許可、届出等は必要とさ

れず、自由に営業を行うことができる。

　規制内容としては、海外商品取引業者が、海外先物契約を締結しようとするとき（海外先物取引規制法4条）、海外先物契約を締結したとき及び顧客の売買指示を受けたとき（同法5条）、保証金を受領したとき（同法6条）、売買取引が成立したとき（同法7条）にはそれぞれ書面の交付を義務付けられているほか、勧誘に当たっては、消費者の判断に影響を及ぼすこととなる重要な事項につき、故意に事実を告げず、又は不実のことを告げる行為をしてはならず（同法9条）、顧客に対し、利益を生ずることが確実であることや損失保証をすること等を申し向けて勧誘する行為等も禁止される（同法10条）。

　また、海外商品取引業者は海外先物契約を顧客と締結しても、顧客が業者の事業所において売買指示をした場合を除き、契約締結の日から14日間は顧客から売買指示を受けてはならないことになっており、この制限に違反して海外商品取引業者が顧客の売買指示を受けこれを履行した場合には、当該海外商品取引業者の計算によって行われたものとみなされることとなる。したがって、顧客が海外商品取引業者に保証金の預託をした場合でもその期間内であれば、顧客はその返還を請求することができ、また、取引が損勘定になっていても、海外商品取引業者は顧客に損勘定分を請求することができない（同法8条）。なお、本条で海外先物契約と顧客の売買指示との間に14日間を置くべきことを定めていることから、脱法行為を防ぐために、基本契約たる海外先物契約の中に売付け又は買付けの別など顧客の売買指示の内容を含むものについては、無効としている（同法3条）。

第3　相談受理時の留意事項

1　先物取引の特徴は、ハイリスク・ハイリターンの取引であり、十分な知識、経験を有しない者が行うには危険性が大きい取引であることを説明する。
2　相談者から次の事項について具体的に聴取する。
　(1)　業者に関する事項（業者名、所在地、担当者等）
　(2)　相談者と業者等との契約段階（未契約か、既契約か等）
　(3)　勧誘及び契約に至る事実経過（具体的契約内容、業者の説明内容等）
　(4)　取引所・商品名

別表1

商品取引所と上場商品

平成13年1月1日現在

商品取引所名・所在地	電話番号	上場商品	所管官庁
東京穀物商品取引所 〒103-0014　東京都中央区日本橋蛎殻町1-12-5	03(3668) 9311(代)	農産物、砂糖	農林水産省
関西商品取引所 〒550-0011　大阪市西区阿波座1-10-14	06(531) 7931(代)	農産物、砂糖、繭糸	〃
関門商品取引所 〒750-8650　下関市南部町1	0832(31) 1313(代)	農産物、砂糖	〃
横浜生絲取引所 〒231-0023　横浜市中区山下町1（シルクセンター）	045(641) 1341(代)	繭糸 （生糸）	〃
前橋乾繭取引所 〒371-0844　前橋市古市町1-49-1	0272(52) 1401(代)	繭糸 （乾繭）	〃
東京工業品取引所 〒103-0015　東京都中央区日本橋箱崎町36-2（リバーサイド読売）	03(3661) 9191(代)	綿糸、毛糸、ゴム、貴金属（金・銀・白金・パラジウム・アルミニウム）	経済産業省
大阪商品取引所 〒541-0056　大阪市中央区久太郎町2-5-28（大和銀行久太郎町ビル）	06(244) 2191(代)	綿糸、毛糸、スフ糸、ゴム、天然ゴム指数	〃
中部商品取引所 〒460-0003　名古屋市中区錦3-2-15（商取ビル）	052(951) 2171(代)	農産物、砂糖、綿糸、繭糸（乾繭）、毛糸、スフ糸	農林水産省及び経済産業省

別表2

海外商品市場（施行令第2条）

平成13年1月1日現在

	国	地　　域	商　品
1	オーストラリア	シドニー	羊毛
2	中華人民共和国	香港	大豆
3	中華人民共和国	香港	砂糖
4	中華人民共和国	香港	金
5	マレイシア	クアラ・ルンプール	天然ゴム
6	フランス	パリ	コーヒー豆
7	フランス	パリ	砂糖
8	連合王国	ロンドン	小麦
9	連合王国	ロンドン	ばれいしょ
10	連合王国	ロンドン	コーヒー豆
11	連合王国	ロンドン	カカオ豆
12	連合王国	ロンドン	砂糖
13	連合王国	ロンドン	原油
14	連合王国	ロンドン	石油製品
15	連合王国	ロンドン	銅
16	連合王国	ロンドン	アルミニウム
17	ブラジル	サン・パウロ	コーヒー豆
18	アメリカ合衆国	ニュー・ヨーク	コーヒー豆
19	アメリカ合衆国	ニュー・ヨーク	カカオ豆
20	アメリカ合衆国	ニュー・ヨーク	砂糖
21	アメリカ合衆国	ニュー・ヨーク	綿花
22	アメリカ合衆国	ニュー・ヨーク	原油
23	アメリカ合衆国	ニュー・ヨーク	石油製品
24	アメリカ合衆国	ニュー・ヨーク	金
25	アメリカ合衆国	ニュー・ヨーク	銀
26	アメリカ合衆国	ニュー・ヨーク	白金
27	アメリカ合衆国	ニュー・ヨーク	パラジウム
28	アメリカ合衆国	ニュー・ヨーク	銅
29	アメリカ合衆国	シカゴ	小麦
30	アメリカ合衆国	シカゴ	とうもろこし
31	アメリカ合衆国	シカゴ	大豆
32	アメリカ合衆国	シカゴ	牛
33	アメリカ合衆国	シカゴ	豚
34	アメリカ合衆国	シカゴ	大豆油かす
35	アメリカ合衆国	シカゴ	大豆油
36	アメリカ合衆国	シカゴ	銀
37	アメリカ合衆国	シカゴ	白金
38	カナダ	ウィニペッグ	なたね
39	カナダ	ウィニペッグ	あまに

❶ 先物取引の基礎的知識

> 問1　金の先物取引に誘われましたが、先物取引とはどのような取引なのでしょうか。

―ポイント―
1. 先物取引の意義及び種類並びにその仕組みについて説明する。
2. 先物取引のもつ危険性について説明する。

・・・●回　答●・・・

売買取引は、「現物取引」と「先物取引」の2種類に大別できます。

「現物取引」とは、日常生活において通常行われている取引で、物を買ってその代金を支払うというものです。

一方、「先物取引」とは、3か月後あるいは6か月後といった将来の一定時期に商品及びその対価の授受を行うことを約する取引ですが、「現物取引」と異なる点は、受渡し期限が来る前に始めの取引とは反対の売買、つまり買い付けていたものは転売し、売り付けていたものは買い戻せば、商品の受渡しをせずに売値と買値の差額を授受すること（これを差金決済といいます。）によって取引を終わらせることができるということです。したがって、手元に商品を持っていなくても売り契約ができ、また買い契約をした場合でも商品を受け取らなくてもいいのです。

このような先物取引には、国内先物取引と海外先物取引とがあります。国内先物取引とは、商品取引所法により日本国内で設置された商品取引所の商品市場において行われている先物取引と、国内の私設市場で行われている先物取引です。海外先物取引とは、ロンドンやニューヨークの取引所等の海外の先物取引所で取り引きされる先物取引です。

お話の「金」の先物取引は、国内、海外ともに行われていますが、国内においては、すべて商品取引所法の規制を受けるのに対し、海外の場合は市場の存在する国、地域によって海外先物取引規制法で規制を受けるものと受けないものとがあります。

先物取引は、少額の委託証拠金でその10倍から20倍の約定代金の取引ができることから、相場の変動により利益が最初の資金の何倍にもなることもあれば、ゼロになったり、それ以上の損失になったりすることも起こり得る「ハイリスク・ハイリターン」の

取引です。さらに、その相場の変動には政治・経済・社会情勢や自然現象が関係することなど取引に当たっては高度の知識が求められます。

また、海外先物取引や国内の私設市場での先物取引に関しては、多数の事件を詐欺罪で検挙しており、悪質業者が暗躍している分野だと言えます。このように先物取引は危険を伴う取引ですから、十分な知識を持ち対応しないと大きな損害を被ることがありますので、家族等と十分相談してください。

―――――――――【解　説】―――――――――

1　先物取引の概要

　本章第1参照

2　先物取引の法規制の概要

　本章第2参照

3　先物取引の特徴

⑴　少額の証拠金による多額の商品の取引

　先物取引では、委託証拠金の10倍から20倍の総約定代金の商品の取引を行うことができるなど少額の資金で多額の商品の取引を行うことができることから多額の利益を得ることがある一方、多額の損失を被る危険性も有している。また、その損失は証拠金の範囲内だけに限定されない。

⑵　相場変動原因の多様性

　先物取引の相場は、政治・経済・社会情勢・自然現象等により大きく動くことがあり、その動きを常に情報として入手していなければ値動きについて正確な予測ができない。

(3) 収益の困難性

　顧客は、取引に当たって手数料を支払う必要があり、手数料以上の差益を出さない限り、損をすることになる。しかし、手数料は取引するごとに差し引かれるものであり、取引の回数が増えると手数料の額も増えることになることから、先物取引自体では利益が出ても、手数料を差し引かれトータルでは結局損をしてしまう場合が多い。

(4) 相場の変動による追加証拠金の必要性

　相場に基づく計算上の損失額が一定以上に達した時には、証拠金の追加が必要となり、所定の時限までに追加証拠金を差し入れない場合、損失を被った状態で建玉の一部又は全部を決済される場合がある。

(5) 悪質業者の活動

　海外先物取引及び国内の私設市場における先物取引については、先物取引の仕組みを巧妙に利用し、また、顧客が商品取引の知識に乏しいことにつけ込んで金銭をだまし取る事犯が多い。

4　国内私設市場とその規制

　我が国の商品先物市場には、主務大臣の許可を得て設立された商品取引所の市場と、一般消費者の委託を受けず当該商品の売買等を行う業者のみで設置する先物取引類似市場がある。そのほかに、過去においては私設市場（いわゆるブラックマーケット）としてパラジウムを扱う市場があり、同市場の会員業者による無秩序、無規制の勧誘が行われ、消費者に多大な被害を与えていた時期があったが、平成2年12月29日施行の商品取引所法改正により、パラジウム等規制の及ぶ商品の範囲が拡大され、実質的に私設市場の開設は禁止された。

(1) 改正の要点

　ア　商品の定義の変更

　　「商品」とは、農産物、林産物、畜産物及び水産物並びにこれらを原料又は材料として製造し又は加工した物品のうち飲食物であるもの及び鉱業法第3条第1項に規定する鉱物、その他政令で定める物品をいうこととした（別表4のとおり）。

　イ　私設先物市場の開設禁止規定の整備

　　商品の定義の変更等に伴い、商品市場類似施設の開設の禁止規定について、所要の規定の整備を行った。

　ウ　私設先物市場の開設禁止規定の適用除外

　　商品市場類似施設の開設の禁止規定に関し、商品の売買等を業として営んでいる者が自己の営業のためにその計算において行う先物取引に類似する取引のみをする施設で一定の要件に該当するものを適用除外とした。

(2) 私設先物市場の開設禁止の規定経緯概要

　商品市場類似施設の開設については商品取引所法第8条で禁止されていたところであるが、本条については、昭和26年の法務府見解により、「法第2条第2項で指定された商品のみならず、全ての物品につき先物取引を行う商品市場に類似する施設の開設を禁止した規定」とされていたところ、昭和55年4月に内閣法制局はこの解釈を変更、「商品取引所法第8条第1項の規定は、同法第2条第2項にいう商品以外の物品の先物取引をする市場の開設を禁止していない」とし、本条の適用範囲を第2条第2項で定める商品についての私設先物市場に限定した。

　これを受けた行政側は、昭和56年6月に金を、昭和58年10月に銀、白銀をそれぞれ政令指定し、その私設市場開設の禁止を図ったが、その後においてもパラジウムの私設市場が存続していた。

　本改正は、同法第2条第2項に規定する商品の定義を幅広く拡大することで、私設先物市場の開設禁止範囲を拡大し、委託者の不当な損害及び不公平な価格形成を防止しようとするものである。

　なお、パラジウムは、平成4年8月3日に国内公設市場に上場され、先物取引を行うことができる商品となった。

　本条に違反して、商品市場類似施設を開設した者は、3年以下の懲役若しくは300万円以下の罰金に処せられ、又はこれを併科され（同法152条の2）、同施設において先物取引に類似する取引をした者は、1年以下の懲役若しくは100万円以下の罰金に処せられ、又はこれを併科される（同法155条）。

❷ 海外先物取引の勧誘

> 問2　○○トレーディングという会社の者から「ロンドン市場における小麦の先物取引は安全、確実、有利な取引で預貯金のようなものだ」と誘われましたが、信用できる会社でしょうか。

―ポイント―
1　海外先物取引の仕組みについて説明する。
2　海外先物取引の危険性について説明する。

●●●回　答●●●

　お話では、ロンドン市場の小麦の先物取引に勧誘されたということですので、その取引は、海外先物取引だと思われます。
　海外商品取引業は、その営業を行うについて許可、登録等を要することなく、誰でも自由に行うことができるようになっています。したがって、お話の業者が信用できる会社かどうかはわかりませんが、過去に、お話と同様の海外先物取引を装った勧誘手口で金銭をだまし取られたという事例が多数あるなど、詐欺商法である可能性も十分ありますので、安易に契約しない方が賢明だと思います。家族等によく相談してください。

【解　説】

1　海外先物取引の規制
　海外先物取引規制法の規制を受ける海外先物取引は、政令で指定された海外商品市場（本章別表2参照）の取引に限られている。
　事例のロンドン市場における小麦の先物取引は、ロンドン所在のロンドン先物取引所の小麦と考えられ、この法律の規制を受ける取引に当たるので、海外商品取引業者は、受託に当たっては、契約締結前や契約締結時等の書面の交付が義務付けられ、また、勧誘に当たっては海外商品市場における相場の変動等顧客の判断に影響を及ぼすこととなる重要なものにつき不実のことを告げる行為等をしてはならないなど、一定の行為が規制される（本章第2、3参照）。

2　悪質海外商品取引業者のセールストーク
　過去に検挙された事犯のセールストークは、

海外市場で…

- 有利な利殖話がある。話だけでも聞いて欲しい。
- 債権貯蓄の紹介をしている。銀行、郵便局に預けるよりは有利です。
- 絶対損はさせない。解約は自由だし、元本は保証する。
- 100万円預ければ、1か月で20〜30万円くらいの利益になる。

など先物取引であることに全く触れない場合や、

- ロンドンの○○をやりませんか。損はさせません。
- シカゴの○○は、今が底値でこれから上がる一方だ。今がチャンスだ。
- 通産省、農林省の許可を受けている会社です。
- やっとニューヨークの○○の口座がとれた。今から係の者が行く。
- あなたが「結構です。いいです」と言ったから注文した。

など、その有利性、確実性のみを強調し、先物取引の危険性には全く触れず勧誘している手口がほとんどであり、また、契約もせず売買指示もしていないのに、「契約は済んでいる」「もう注文してしまった」などと言い、契約を強要している例もある。

③ 国内先物取引の勧誘

> 問3 ○○交易という会社の者から国内のプラチナの先物取引を勧誘されましたが、信用できる会社でしょうか。

─ポイント─
1 商品取引所の商品市場における先物取引の仕組みについて説明する。
2 商品取引員か否かの確認方法を説明する。

・・・●回　答●・・・

　国内におけるプラチナの先物取引は、商品取引所法で規制されており、商品取引所の商品市場で顧客からの委託を受け売買取引を行うことができるのは、経済産業大臣の許可を受けた商品取引員に限られています。

　許可を受けた業者か否かは各商品取引所の相談室で確認できますので、お話のプラチナの先物取引については、東京工業品取引所の相談室（ＴＥＬ03-3661-9191）に確認してください。確認した結果、許可を得た業者であっても、不審点が残る場合には、再度警察に相談してください。

●────【解　説】────●

1　商品取引所

　我が国では、法律及び政令で指定された農産物、貴金属などの商品の一種又は数種の商品の先物取引を行うための市場を開設することを目的として全国で8か所の商品取引所が設立されている。

2　商品取引員

　商品取引所の商品市場における売買取引の委託を受けられるのは、主務大臣の許可を受けた商品取引員だけであり、平成11年現在で113社がある。

　商品取引員の受託活動等は、主務省及び商品取引所の指導・監督の下に行われており、商品取引員の過度の勧誘や各種トラブルに対しての相談窓口や調停機関が各商品取引所に設置されている（別表3参照）。

　どこの商品取引所の相談機関に相談すべきかについては、顧客の注文が実際に取り次がれている取引所に相談することになっており、売買報告書等の書面に注文を取り次い

でいる取引所が記載されているので、それらを確認させた上、相談先を教示する必要がある。

3　商品取引所と取扱い商品

　本章第2、2参照

4　商品取引所法の規制概要

　本章第2、2参照

別表3

商品取引所相談室の電話番号一覧

平成13年1月1日現在

商品取引所名	電話番号
東京穀物商品取引所	03（3668）9311
関門商品取引所	0832（31）1313
横浜生絲取引所	045（641）1341
前橋乾繭取引所	0272（52）1401
東京工業品取引所	03（3661）9191
中部商品取引所	052（951）2171
関西商品取引所	06（531）7931
大阪商品取引所	06（244）2191

別表4

商品取引所法にいう「商品」の範囲

商品取引所法に定める商品	1　農産物、林産物、畜産物及び水産物並びにこれらを原料又は材料として製造し、又は加工した物品のうち飲食物であるもの 2　次の鉱物（鉱業法第3条第1項に規定する鉱物）及びこれらを精錬し、又は精製することにより得られる物品 　金鉱、銀鉱、銅鉱、鉛鉱、そう鉛鉱、すず鉱、アンチモニー鉱、水銀鉱、亜鉛鉱、鉄鉱、硫化鉄鉱、クローム鉄鉱、マンガン鉱、タングステン鉱、モリブデン鉱、ひ鉱、ニッケル鉱、コバルト鉱、ウラン鉱、トリウム鉱、りん鉱、黒鉛、石炭、亜炭、石油、アスファルト、可燃性天然ガス、硫黄、石こう、重晶石、明ばん石、ほたる石、石綿、石灰石、ドロマイト、けい石、長石、ろう石、滑石、耐火粘土、砂鉱
商品取引所法施行令に定める商品	1　農産物、林産物、畜産物及び水産物並びにこれらを原料又は材料として製造し、又は加工した物品のうち飲食物以外の次のもの 　牛、豚、なたね、亜麻の種、木材、天然ゴム、綿花、綿糸、乾繭、生糸、羊毛、毛糸、ステープルファイバー糸、飼料 2　次の鉱物及びこれらを精錬し、精製することにより得られる物品 　リチウム鉱、ベリリウム鉱、ホウ素鉱、マグネシウム鉱、アルミニウム鉱、希土類金属鉱、チタン鉱、バナジウム鉱、ガリウム鉱、ゲルマニウム鉱、セレン鉱、ルビジウム鉱、ストロンチウム鉱、ジルコニウム鉱、ニオブ鉱、白金属鉱、カドミウム鉱、インジウム鉱、テルル鉱、セシウム鉱、バリウム鉱、ハフニウム鉱、タンタル鉱、レニウム鉱、タリウム鉱、ベントナイト、酸性白土、けいそう土、陶石、雲母、ひる石、貴石、半貴石

❹ 海外商品取引業者による契約強要

> 問4　2週間くらい前に、○○物産という会社の者から電話で「ロンドン市場のコーヒー豆」の先物取引の誘いを受け、これを断っていたところ、2日前に電話で「既に注文した」と一方的に言われましたが、どうしたらいいでしょうか。

―ポイント―
1　業者の契約獲得手口について説明し、その危険性について理解させる。
2　明確に取引拒否をするよう指導する。

・・・回　答・・・

お話では、ロンドンのコーヒー豆の先物取引に勧誘されたということですので、その取引は、海外先物取引だと思われます。

このような取引では、契約した事実がないのに「既に注文した」などと業者が言って強引に契約を締結し、金銭をだまし取る事例も多数見られますので、契約した覚えがなく、また、取引きをする意思がないのであれば、明確に断ることが大切です。

なお、お話の会社は、詐欺商法を行っている可能性もありますので担当の係から連絡をさせます。さらに詳しい内容を教えてください。

●――――――――――――【解　説】――――――――――――●

1　海外商品取引業者のセールストーク

問2の【解説】2参照

2　海外先物契約の締結に関する規制

(1)　海外先物契約の定義

「海外先物契約」とは、海外商品市場における先物取引の受託等を内容とする契約であって、売付け又は買付けの別、その価格、数量及び時期など経済産業省令で定める事項について、別に顧客の指示を受けるべき定めのあるものであり、海外先物契約を締結しただけでは具体的な債権債務関係は生じない。つまり、業者は、顧客と基本契約たる海外先物契約を締結しても、その後に個別に顧客から売買の指示を受ける必要がある。

(2) 海外商品取引業者の義務

　海外商品取引業者は、海外先物取引規制法の適用を受ける取引の場合には、契約を締結する前及び締結した際に、その契約の内容を明らかにして後日のトラブルを防止するため「商品取引所の名称及び商品の種類」、「手数料」などを記載した書面を交付することが義務付けられており（海外先物取引規制法4条、同法5条）、これに違反した場合には、罰則が適用される（同法19条）。

　しかし、契約自体は口頭でも有効であることから、これを逆手にとって悪質業者は顧客が曖昧な返事をしているうちに「既に注文をしてしまった」などと勝手に話を進め、強引に契約締結を迫ることが多いので、明確に取引を拒否するよう教示する必要がある。

❺ 国内先物契約の解約

> 問5 ○○通商という商品取引員と「国内の大豆」の先物取引の取引委託契約を締結し取引を続けていましたが、損が続いているので、取引中止を申し入れたのですが応じてくれません。解約したいのですが、どうしたらいいでしょうか。

―ポイント―
1 契約解除の方法について説明する。
2 商品取引員に対する苦情・相談の相談先について説明する。

・・・●回 答●・・・

商品取引所法には、契約の解除に関する特別の規定がありませんが、先物取引の委託契約は委任契約の一種ですから、特約のない限り顧客は取引を決済した上でいつでも契約の解除ができますので、解約のための清算（手仕舞い）要求を改めて行うとともに、新たな売買指示は絶対しないようにしてください。

清算（手仕舞い）要求は口頭でもかまいませんが、取引終了の意思を明確にして後日のトラブルを防止するため、配達証明付き内容証明郵便で申し入れてください。

申し入れをしたにもかかわらず業者が清算に応ぜず、残金を返還しない場合には、民事上の手続により解決を図ることになりますので、詳しいことについては、あなたが取引をしている商品取引所の相談室に相談するか、弁護士等に相談してみてください。

なお、お話の会社は「取引中止の申し入れに応じてくれない」ということですので詐欺商法の疑いもあります。担当の係から連絡させますのでさらに詳しい内容を教えてください。

―――【解 説】―――

1 契約解除の方法

先物取引の委託契約は、委任契約の一種であるから特約のない限り顧客は取引を決済した上で、いつでもこれを解除することができる（民法651条）。

なお、契約の締結時に違法、不当な勧誘行為等がある場合には、その内容によっては、公序良俗違反又は錯誤による無効の主張や詐欺又は強迫による取消等ができる場合

もある。

　相手方が契約解除に応じない場合には、民事法に規定する手続、つまり和解、調停及び民事訴訟等によって解決を図ることとなるので、これらの手続の詳しいことについては、消費生活センター、弁護士等に相談するよう教示する必要がある。

2　苦情・相談受理機関

　許可業者である「商品取引員」に対する苦情・相談については、各商品取引所の相談室で受け付けている（問3、別表3参照）。

⑥ 海外先物契約の解約〜その1

> 問6　○○興産という会社と1週間前に「香港市場の大豆」の先物取引の取引委託契約を締結し取引を開始しましたが、解約できるでしょうか。

---ポイント---
1　契約解除の方法について説明する。
2　顧客の売買指示についての制限について説明する。

・・・●回　　答●・・・

　お話では、香港市場の大豆の先物取引に勧誘されたということですので、その取引は海外先物取引規制法が適用される海外先物取引だと思われます。海外先物取引規制法には、契約の解除に関する特別の規定がありませんが、先物取引の委託契約は委任契約の一種ですから、特約のない限り顧客は取引を決済した上でいつでも契約の解除ができますので、解約のための清算（手仕舞い）要求を改めて行うとともに、新たな売買指示は絶対しないようにしてください。

　清算（手仕舞い）要求は口頭でも構いませんが、取引終了の意思を明確にして後日のトラブルを防止するため、配達証明付き内容証明郵便で申し入れてください。

　申し入れをしたにもかかわらず業者が清算に応ぜず、残金を返還しない場合には、民事上の手続により解決を図ることになりますので、詳しいことについては、弁護士等に相談してみてください。

　なお、お話の取引は海外先物取引規制法が適用されることから、海外先物取引の契約を締結した日から14日を経過した後でなければ、海外商品取引業者の事業所において行われた顧客の売買指示によるものを除いて、業者は顧客の売買指示を受けてはならないことになっており、もし、あなたが保証金の預託をした場合には、その返還を請求することができますし、取引が損勘定になっていたとしても損勘定分を支払う必要はありませんので注意してください。

●────────────【解　　説】────────────●

1　契約解除の方法

　問5の【解説】1参照

2 顧客の売買指示の制限

　海外先物取引規制法の適用がある海外先物取引の場合、海外商品取引業者は、海外先物取引の契約を締結した日から14日を経過した日以後でなければ、当該海外先物契約に基づく顧客の売買指示を受けてはならず、これに違反して海外商品取引業者がした売付け若しくは買付け又はその注文は、当該海外商品取引業者の計算によってしたものとみなされている（海外先物取引規制法8条）。これは、顧客が安易に取引に参加することを防ぎ、顧客に熟慮する期間を与えることを目的としている。

　したがって、契約をした日から14日間は、顧客が注文し、保証金を預託したとしても、その返還を請求することができ、また、取引の損益の結果については、業者がすべての責任を負うことになる。ただし、海外商品取引業者の事業所においてした顧客の売買指示については、この限りではないとされているので注意が必要である。

　なお、この規制の対象は、海外先物取引規制法に基づき政令で指定された海外商品市場の取引に限られているので、相談受理に当たっては、顧客の取引している市場及び商品を確認することが重要である。

⑦ 海外先物契約の解約～その２

> 問７　ニューヨーク市場の石油製品の先物取引を勧められるままに続けていましたが、もうけが出たので「取引をやめたい」と申し出たところ、業者が「まだまだ値上がりします。今売ったら損をします」と言ってこれに応じてくれません。どうしたらいいでしょうか。

―ポイント―
1　契約解除の方法について説明する。
2　同種相談を端緒にした検挙事例があるので、後日専務係から連絡させる旨を説明する。

・・・回　答・・・

　海外先物取引規制法には、契約の解除に関する特別の規定がありませんが、先物取引の委託契約は委任契約の一種ですから、特約がない限り顧客は取引を決済した上でいつでも契約の解除ができますので、解約のための清算（手仕舞い）要求を改めて行うとともに、新たな売買指示は絶対しないようにしてください。

　清算（手仕舞い）要求は口頭でも構いませんが、取引終了の意思を明確にして後日のトラブルを防止するため、配達証明付き内容証明郵便で申し入れてください。

　申し入れをしたにもかかわらず業者が清算に応ぜず、残金を返還しない場合には、民事上の手続により解決を図ることになりますので、詳しいことについては、弁護士等に相談してみてください。

　なお、お話の会社は「取引中止の申込みに応じない」ということですが、過去にも同様の手口で現金をだまし取られていた事例があり、この会社も詐欺商法を行っている可能性もあります。担当の係から連絡させますのでさらに詳しい内容を教えてください。

【解　説】

1　民法上の契約解除
　問５の【解説】１参照
2　書面による解約
　口頭での解約の申し入れの場合、証拠となるものが残っておらず「言った」「いや聞いていない」という形の紛争になることが多いため、顧客の取引終了の意思を明確に伝

えるには書面によるべきであり、また、その書面が相手方に到達したことを証明するため、配達証明付き内容証明郵便によることが望ましい。

3 悪質業者の解約拒否の手口

顧客の解約要求等に対しては、

- 今やめると今までの保証金を全部失うことになります。
- 今やめるのであれば、保証金以上の損失が生じます。
- 現在○○万円の利益が出ています。こんなチャンスを逃す手はないですよ。
- まだまだ値上がりします。今売ったら損をしますよ。
- これから値上がりするところです。今はガマンするときです。

などと言ってこれに応ぜず、また、担当者が居留守を使ったり、顧客の担当者を交代させるなどして、解約を引き延ばすのが悪質業者の手口であり、その間に無断売買等を繰り返し、多額の手数料を徴収したり、ことさらに売買差損を生じさせて多大な損害を与えているのが実態である。

4 その他

先物取引事犯では、事例のような相談を端緒に詐欺事件として検挙した例があることから、受理後は速やかに専務係に引き継ぐ必要がある。

⑧ 国内先物取引における追証(おいしょう)

> 問8　○○商事という会社と国内の白金についての先物取引委託契約を締結し取引していますが、「値段が下がったから、追証として○○万円払い込んでくれ」との電話がありました。どうすればいいのでしょうか。

―ポイント―
1　先物取引における追証の意味について説明する。
2　追証を求められた時が、その取引の継続か中止の分岐点になるので、よく検討するよう指導する。

●●●回　答●●●

　商品先物取引では相場が日々変動しますので、あなたが注文したときの値段とその後の商品取引所における毎日の最終約定値段との価格差を計算したときに、その計算損が取引を始めるときに預託した委託証拠金、これを委託本証拠金といいますが、その50％の額を超えた場合には、そのまま取引を継続するためには証拠金を追加して預託しなければなりません。これが追証と呼ばれるものです。

　この追証の仕組みは、①計算損が、当初預託した委託本証拠金の50％の額を超えた日の翌営業日の正午までに委託本証拠金の50％の額を預託しなければならないこと、②請求があったのに預託しなかった場合には顧客の指示がなくても決済がなされ、それによって確定した損益は顧客の責任となること、③追証を預託した後、相場が回復し、追証を預託しておく必要がなくなった場合にはその返還を請求することができることなどですが、さらに計算損が進めば、追証は1回だけでなく、2回、3回と必要となることもあります。

　追証が必要になったときは、相場の反転を期待して継続するか、それとも損は損として見切りをつけて反対売買して決済してしまうべきかの決断を迫られる一つの機会ですので、あなたの資金を考え、十分考慮して対処してください。

　　　（注）　計算損が委託証拠金の50％に相当する額の整数倍を超える場合には、追証の額はその額に整数倍を乗じた額となる。

【解　説】

1　委託証拠金の種類

商品先物取引を行うためには、取引のための担保を意味する「委託証拠金」を預託しなければならないが、それには次の4つの種類がある。

①　委託本証拠金（本証―ほんしょう―）

新規の売付け又は買付けの注文をするときに預託しなければならない証拠金のこと。

②　委託追証拠金（追証―おいしょう―）

商品取引所の価格は日々変動するので、注文したときの値段（約定値段）とそれ以降の日の最終約定値段の価格差（これを「値洗い損（益）」という。）が計算され、その結果、計算上の損失額が委託本証拠金の50％の額を超えてしまった場合に、その注文した商品の取引を継続するために、担保力を補強する意味で、追加して預託しなければならない証拠金のこと。

③　委託定増証拠金（定増―ていまし―）

契約最終月となった注文商品については、値幅制限が解除されるため値動きが大きくなることから、商品取引所が必要と認めたときに預託する証拠金のこと。

④　委託臨時増証拠金（臨増―りんまし―）

相場の変動が著しいとき等に商品取引所の判断により、臨時に増額徴収される証拠金のこと。

2　委託追証拠金の事例

委託追証拠金は、次のように計算される。

> 金の先物取引で、1g、1,890円で1枚（1kg）買っていたところ、1,820円に値下がりした場合

　商品取引所における金の先物取引の値段は、1g当たりの価格で決められるが、最低売買単位（1枚）は1kgであるため、1g1,890円という約定値段の場合、金1枚の価格は1,000倍の189万円になる。

　そこで設例のように取引開始後のある日の最終約定値段が1g1,820円に値下がりした場合には、1g当たりの値洗い損は、1,890円－1,820円＝70円となり、1枚では70円×1,000倍＝70,000円の損失額となる。

　「金」1枚の委託本証拠金の額は、1g当たり、1,600円以上～2,100円未満の場合75,000円と決められており（平成12年4月1日現在）、その50％の額は37,500円となる。設例の値洗い損は70,000円で委託証拠金の50％の37,500円を超えることとなるため、委託本証拠金の50％の額である37,500円が委託追証拠金となる。

❾ 海外先物取引における追証(おいしょう)

> 問9　○○貿易という会社とシカゴ市場のとうもろこしの先物取引の取引委託契約を締結し取引していますが、「追証を払え」と言われています。どうすればいいのでしょうか。

―ポイント―
1　先物取引における追証の意味について説明する。
2　追証は、悪質な海外商品取引業者が現金等をだまし取る手段にしている例があることを教示する。

●●●回　答●●●

　海外先物取引においては、あなたが注文したときの値段と海外における先物取引所の毎日の最終約定値段との価格差を計算し、その計算損が取引を始めるときに納めた保証金の一定割合を超えた場合に、その注文した商品の取引を継続するためには追証と呼ばれる追加の保証金を差し入れなければならないとしている場合が多く、この追証は、さらに計算損が進めば、1回だけでなく、2回、3回と必要となることもあります。

　追証が必要になったときは、相場の反転を期待して継続するか、それとも損は損として見切りをつけて反対売買して決済してしまうべきかの判断を迫られる一つの機会ですので、あなたの資金を考え、十分考慮して対処してください。

　なお、過去に検挙した海外商品取引業者の中には、追証の必要がないのに「追証が必要だ」と現金をだまし取る手段として使っているものもありましたので、十分注意が必要です。契約書類や取引状況等を確認の上、家族等と相談して対処してください。

●―――――【解　説】―――――●

1　委託保証金の種類等

　海外先物取引における委託保証金（証拠金）については、各国の先物取引所によってそれぞれそのシステムが異なっており、担保となる保証金の名称、種類、金額等も同一ではなく、また、取引所の会員の実績・信用によって、その会員が顧客に要求する当初の担保金及び追加の担保金の額等も異なることがある。

　海外の先物取引所の会員に取り次ぐ日本の海外商品取引業者は、国内の商品取引所の

商品市場のシステムを模倣して、当初支払う担保金と、追証としての担保金を徴収しているのが一般的であり、その名称は保証金、担保金、証拠金など定まっていない。

　また、追証については、商品取引所の商品市場と同様に追証が必要になる計算損の基準は、当初の担保金の50％の額としている場合が多い。

2　その他

　追証は、正規の手続によるものであるが、海外商品取引業者の中には、現金をだまし取る手段として、「追証」を利用している事例もあることから、その旨を教示する必要がある。

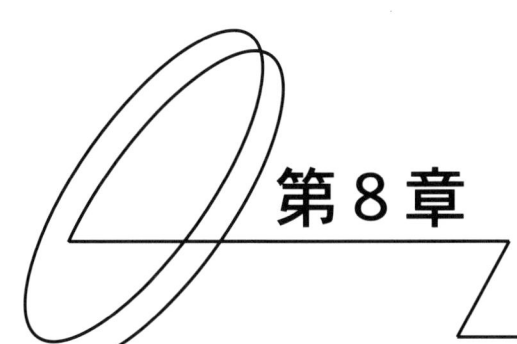

第 8 章
現物まがい商法

第1　現物まがい商法をめぐる相談

「現物まがい商法」は、豊田商事事件にみられた純金ファミリー商法を代表的な事例とするもので、明確な定義はないが、「金、銀、ダイヤモンド、ゴルフ会員権等の商品を販売するが、その販売した商品の現実の引渡しは行わず、販売と同時に商品を預かり運用することを約し、預かることに対応する利益の提供を顧客に約する商法」ということができ、現物を渡さず、「預り証」と称する証書を渡し金銭を獲得する商法であることから、別名「ペーパー商法」とも呼ばれている。

この商法については、豊田商事事件を契機として、「特定商品等の預託等取引契約に関する法律」（以下「預託等取引規制法」という。）が制定され、規制されることとなったが、悪質業者は、規制の及ぶ特定商品である金、銀、白金などの貴金属等から規制の及ばない商品に取引の対象を変更するなど新たな手口の悪質商法を敢行している事例がみられ、最近では、和牛オーナー商法が社会問題となり、特定商品として新たに追加指定（平成9年8月4日施行）されている。

現物まがい商法をめぐる相談としては、
- 執ような勧誘を受けて困っている。
- 信用できる取引（会社）なのか。
- 解約できるのか。

などの事例がある。

第2　現物まがい商法と法規制

預託等取引規制法の概要は、次のとおりである。

1　預託等取引契約の定義

(1)　特定商品、施設利用権

預託等取引規制法が規制の対象としている契約は、「預託等取引契約」であり、「預託等取引契約」とは、以下に掲げる契約をいう（預託等取引規制法2条）。

ア　業者が「特定商品※」を3か月以上預かり、預かることに対応した財産上の利益を供与することを約し、顧客が業者に対して特定商品を預けることを約する契約

イ　アとほぼ同様の契約であるが、業者が預かった特定商品を顧客に返還するに当たり、当該商品に代え、金銭その他の代替物を返還する契約

ウ　業者が特定商品を3か月以上預かった後、一定の価格（又は一定の方法により定められた価格）により買い取ることを約し、顧客が業者に対して特定商品を預けることを約する契約

エ　ア～ウと同様の契約であって、特定商品に代えて「施設利用権※」を用いたもの

（注1）「特定商品」については、預託等取引規制法施行令第1条第1項で以下のとおり定められている。

①　貴石、半貴石、真珠及び貴金属（金、銀及び白金並びにこれらの合金）並びにこれらを用いた装飾用調度品及び身辺細貨品

※「貴石、半貴石」とは、宝石類をいい、「装飾用調度品」とは、壺、飾り皿等をいい、「身辺細貨品」とは、指輪、ネックレス、イヤリング等をいう。

②　盆栽、鉢植えの草花その他の観賞用植物（切花及び切枝を除く。）

③　哺乳類又は鳥類に属する動物であって、人が飼育するもの

（注2）「施設利用権」については、同法施行令第1条第2項で以下のとおり定められている。

①　ゴルフ場を利用する権利

②　スポーツ又はレクリエーションの用に供するヨット、モーターボート又はボートを係留するための係留施設を利用する権利

③　語学を修得させるための施設を利用する権利

(2) 預託等取引契約の重点

「現物まがい商法」は、「物を販売して、（商品の引渡しを行わず）それを預かる」ことであるが、本法の「預託等取引契約」は、いわゆる「現物まがい商法」のうち「預かる」ことだけに焦点を当てて構成されている。それは、仮に「販売」と「預入れ」の2つの要素を定義に盛り込んでしまうと、それだけ規制対象取引は限定されることとなり、例えば、「第三者が販売した商品を預かる」というような取引は、本法の規制対象外となってしまうからである。

2　規制の概要

本法の規制を受ける場合、業者は契約締結前及び契約締結時における書面の交付を義務付けられる（同法3条1項、2項）ほか、勧誘等に際しては、顧客の判断に影響を及ぼす重要な事項についての不告知の禁止等（同法4条、5条）の各種の規制を受けることになる。

3　クーリング・オフ制度

顧客は、契約締結時の書面を受領した日から14日以内は、無条件で契約の解除をすることができる。（同法8条）。

これは、いわゆるクーリング・オフ制度といわれるもので、この場合には、顧客は

書面により解除を行う必要があるが、クーリング・オフ期間内に書面を発出すれば解除の効力が生ずることとなる（発信主義）。

　クーリング・オフの効果は、預託等取引契約関係をすべて現状回復させることである。すなわち、業者は、商品等を顧客に返還しなければならないが、その際の費用は、すべて業者側が負担しなければならず、業者は消費者に対して、契約解除に伴う損害賠償又は違約金の支払を請求することはできない。

　また、上記に反する特約がなされ、それが顧客に不利となる場合には、その不利な部分については無効となる。

4　クーリング・オフ期間経過後の解除

　顧客は、契約締結時の書面を受領した日から14日を経過した後も、将来に向かって契約を解除することができる（同法9条）。したがって、顧客は、業者の信頼性に疑問を抱いたときなどいつでも契約から離脱し、預けてある商品等の返還を請求するチャンスを得ることになる。

　この場合、契約の解除方法については特段の規定がないことから、一般の私法原則が適用されるが、将来に向かってなされることから、既に支払われている手数料や既に供与された財産上の利益は互いに返還する必要はない。また、損害賠償額の予定又は違約金の定めがあるときにおいても、業者は、契約締結時における商品等の価額の100分の10に相当する額を超えて請求することができない。

第3　相談者から聴取すべき事項等

① 業者に関する事項（業者名、所在地、担当者名等）
② 勧誘及び契約に至る事実経過の確認（具体的な契約内容、説明内容等）
③ 法で規制される「特定商品」、「施設利用権」であるかの確認（クーリング・オフ制度や途中解約の制度等の適用の有無の判断のため）
④ 契約時における現物の存在状況等の確認の指導

❶ 預託等取引のクーリング・オフ

> 問1　1週間前に、自宅にセールスマンが来て、「真珠のネックレスを買って6か月間預けてもらえば高配当の賃借料をつけてお返しします」と勧誘されて契約し、契約締結時の書面を受領しましたが、解約できるでしょうか。

――ポイント――
1　「預託等取引規制法」の規制を受ける取引であることを説明する。
2　クーリング・オフ制度の適用について説明する。

・・・回　答・・・

　今話された内容の場合には、「特定商品等の預託等取引契約に関する法律」の適用を受けることになり、契約締結時の書面を受領した日から14日以内ですので、預託等取引契約については、無条件で契約を解除することができ、真珠のネックレスの引渡しを受けることができます。この場合、契約の解除は、契約締結時の書面を受領した日から14日以内に書面で行う必要がありますので、配達証明付き内容証明郵便で契約解除の通知を出してください。また、商品の返還に要する費用は業者の負担となり、業者から契約の解除に伴う損害賠償又は違約金の支払を請求されても、それを支払う義務はありません。

　解除通知を出したにもかかわらず業者が応じないような場合には、民事法上の手続により解決を図ることになりますので、詳しいことについては、弁護士等に相談してみてください。

　解除通知を出したにもかかわらず業者が応じないような場合には、悪質商法の被害に遭っている可能性もありますので、そのような場合には担当の係を紹介しますので、再度、詳しい内容を教えてください。

　なお、真珠のネックレスの売買契約そのものの解除については、この場合、特定商取引法の適用を受ける販売形態ですので、契約締結時の書面を受領した日から8日以内であれば、売買契約についても解除することができます。

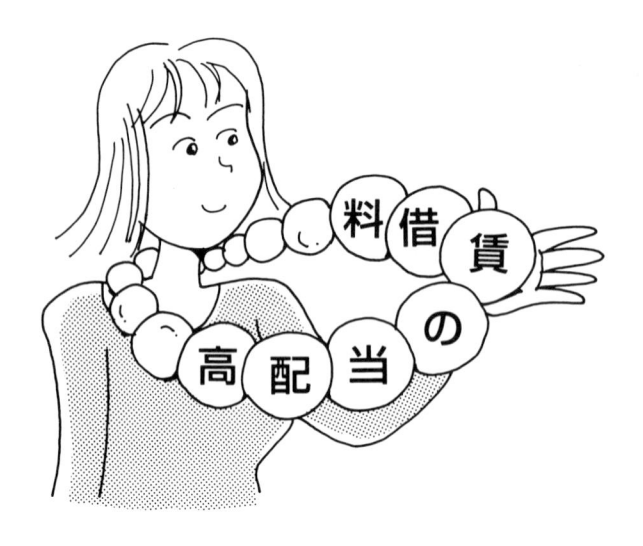

【解　説】

1　預託等取引規制法の適用の有無

　相談事例の場合、預託等取引規制法第2条第1項第1号の特定商品（本事例の場合は、真珠のネックレス）を3か月以上（本事例の場合は、1年間）預かり、預かることに対応した財産上の利益（本事例の場合は、賃借料）を供与することを約して当該商品を預かる契約という預託等取引契約の定義に該当することとなり、預託等取引規制法の規制を受けることとなる。

2　クーリング・オフ制度の適用

　相談事例の場合、預託等取引契約であることから、契約締結時の書面を受領した日から14日以内であれば、無条件で契約を解除することができる（同法8条、本章第2、3参照）。この制度はいわゆるクーリング・オフといわれるもので、契約締結時の書面を受領していない場合やクーリング・オフに関する事項が記載されていないなど不備な書面の場合には、その始期がないことになり、いつでもクーリング・オフができることになる。

　クーリング・オフの効果は、預託等取引契約関係をすべて現状回復させることであり、業者は商品等を顧客に返還しなければならず、この返還に要する費用は業者の負担となる。また、業者は消費者に対して損害賠償又は違約金の支払を請求することはできない。

　解除の意思表示については、書面で行うことになっており、クーリング・オフ期間内に書面を発出すれば直ちに解除の効力が生じる（発信主義）。書面の形式等については特段の規定はないが、後日のトラブル防止のためには配達証明付き内容証明郵便による方法を教示すべきである。

クーリング・オフ制度の適用がある場合には、商品の返還に要する費用は業者の負担となり、また、業者は消費者に対して損害賠償又は違約金の支払を請求することはできない。

3　その他

(1)　預託等取引規制法に規定されているクーリング・オフは、預託等取引契約に対するものであり、当初の商品等の売買契約にまで及ぶものではない。したがって、商品等（本問の場合は、真珠のネックレス）の売買契約そのものについては、訪問販売法、割賦販売法に規定するクーリング・オフの規定を適用できる場合は、これを適用することとなる。

(2)　契約の解除方法等を教示し、その教示に従って解除通知を出したにもかかわらず、業者が応じないような場合には、刑法（詐欺罪）等に抵触することも考えられるので、担当の係に引き継ぐ必要がある。

❷ 預託等取引のクーリング・オフ期間経過後の解約

> 問2　20日前に、自宅にセールスマンが来て、「ゴルフ会員権を買って1年間預けてもらえば、購入価格の倍で買い取ります」と勧誘されて契約し、契約締結時の書面も受領しました。しかし、不安になったので解約したいのですができるでしょうか。

―ポイント―
1　「預託等取引規制法」の規制を受ける取引であることを説明する。
2　クーリング・オフ経過後も、将来に向かって解約ができることを説明する。

●●●回　答●●●

　今話された内容の場合には、「特定商品等の預託等取引契約に関する法律」の適用を受けることになり、契約締結時の書面を受領した日から14日間経過した場合においても、いつでも将来に向かって預託等取引契約を解除することができ、ゴルフ会員権の引渡しを受けることができます。

　この場合、既に支払われている手数料や既に供与された財産上の利益はお互いに返還する必要はありません。また、損害賠償の予定又は違約金の定めがあるときにおいても業者は、契約締結時における商品等の価額の100分の10に相当する額を超える額の金銭の支払を請求することはできませんので、これを超える額の請求があった場合には拒否してください。

　契約の解除の方法については、民法上の契約解除の方法になりますので、詳しいことについては、弁護士等に相談してみてください。

　なお、解約の申込みをしたにもかかわらず、業者が、解約に応ぜず、ゴルフ会員権の引渡しをしてくれない場合は、悪質商法の可能性も考えられますので、担当の係から連絡させます。さらに詳しい内容を教えてください。

●―――――――【解　説】―――――――●

1　預託等取引規制法の適用の有無

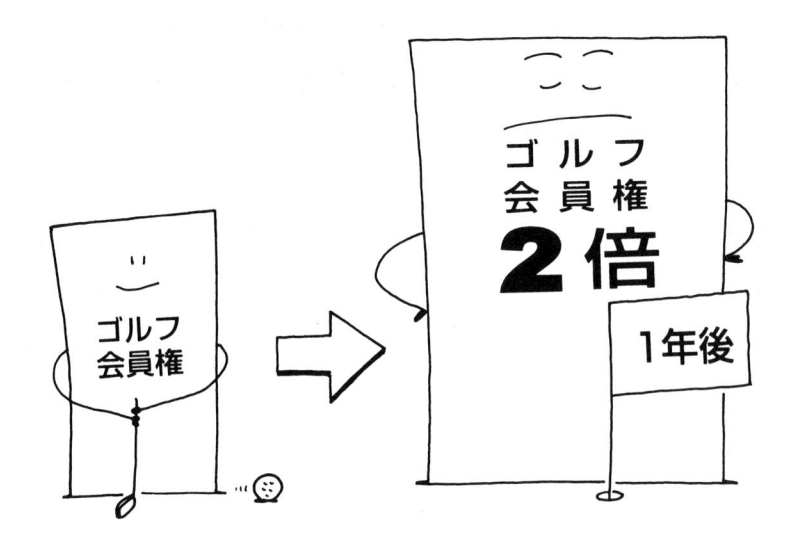

相談事例の場合、預託等取引規制法第2条第1項第2号の施設利用権（本事例の場合は、ゴルフ会員権）を3か月以上（本事例の場合は、1年間）預かり、期間経過後一定の価格（本事例の場合は、購入価格の倍額）で買い取ることを約して当該商品を預かる契約という預託等取引契約の定義に該当することとなり、預託等取引規制法の規制を受けることとなる。

2　クーリング・オフ期間経過後の解除

顧客は、クーリング・オフ期間経過後であっても、いつでも将来に向かって契約の解除ができることになっている（同法9条）。したがって、顧客は、業者の信頼性に疑問を抱いたとき等、いつでも預託等取引契約から離脱し、預けてある商品等（本問の場合は、ゴルフ会員権）の返還を請求できる。

(1)　解除の方法については、特段の規定をしていないため、一般私法原則が適用される。

(2)　本条の解除は、将来に向かってなされる（同条1項）ことから、既に支払われている手数料（顧客→業者）や既に供与された財産上の利益（業者→顧客）は、お互いに返還する必要がない。

(3)　業者は、損害賠償又は違約金の定めがある場合においても、契約額の100分の10を超えて金銭の支払を請求することはできない（同条2項）。

3　その他

(1)　預託等取引規制法に規定されているクーリング・オフ期間経過後の解除権については、預託等取引契約に対するものであり、当初の商品等の売買契約にまで及ぶものではない。したがって、商品等の売買契約そのものについては、訪問販売法、割

賦販売法に規定するクーリング・オフの規定を適用することとなる（本法におけるクーリング・オフ期間を経過している場合でも、訪問販売法、割賦販売法に規定する書面が交付されていない場合等は、同法等によるクーリング・オフが適用できる。）。

(2) 解約の申込みをしたにもかかわらず、業者が、解約に応ぜず、しかもゴルフ会員権の引渡しをしない場合、満期において契約を履行しない場合等は、刑法（詐欺罪）等に抵触することも考えられることから、担当の係に引き継ぐ必要がある。

❸ 預託等取引規制法の規制を受けない取引の解約

> 問3　自宅にセールスマンが来て「若木の森林を買っていただければ、成長するまでの10年間私どもの関連会社で管理をして成長したところで売却し、管理費を差し引き清算した額を返還する。返還する額は、森林の購入価格の数倍になる」という内容の勧誘を受け、契約をしてしまいましたが、解約できるでしょうか。

―ポイント―
1　「預託等取引規制法」の規制を受けない取引であることを説明する。
2　契約解除については、民法上の契約解除になることを説明する。

・・・回　答・・・

　今お聞きした内容の取引は、いわゆる「現物まがい商法」といわれるもので、こうした取引を規制する法律として「特定商品等の預託等取引契約に関する法律」がありますが、規制の対象商品（特定商品）は、宝石、貴金属や盆栽などの観賞用植物及び哺乳類又は鳥類で人が飼育する動物などに限っており、お話の「森林」は特定商品ではないことから、この法律の適用を受けず、契約の解除に関する特別の制度は存在しません。

　したがって、当初の森林の売買契約はもちろん、その管理の委託に関する契約の解除についても、民法上の契約解除を適用することになりますが、詳細については、弁護士等に相談してみてください。

　なお、お話を伺っていますと悪質商法の被害に遭っていることも考えられますので、担当の係から連絡させます。さらに詳しい内容を教えてください。

【解　説】

1　預託等取引規制法の適用の有無

　相談事例の場合、「森林」は特定商品に該当しないことから、預託等取引規制法の規制を受けない。

　したがって、解約については、民法上の契約解除によることになるが、民法上の契約

解除については、個々具体的なケースによって異なり、一律に契約を解除できるかどうかの判断はできないが、その勧誘方法、契約内容によっては、詐欺又は強迫による取消し、錯誤による無効等を主張できる場合もあることから、弁護士等によく相談するよう教示する必要がある。

なお、当初の森林の売買契約についても、同様に民法上の解除規定を適用することになる。

2 現物まがい商法の新たな手口

最近の悪質業者は、規制の及ぶ特定商品である金、銀、白金などの貴金属等の売買から規制の及ばない

- ○ 森林の売買
- ○ 昆虫の育成売買
- ○ 墓地永代使用権の売買
- ○ コインロッカー使用権の売買
- ○ カラオケルーム利用権の売買

等で勧誘するなど、新たな手口の悪質商法の疑いある事例がみられることから、担当の係に引き継ぐ必要がある。

第9章 金融事犯

第1　金融をめぐる相談

　金融をめぐる相談は、貸金業者から高利で過剰な貸付けを受け、返済に行き詰まった債務者からの「利息が高すぎるのではないか」「払い過ぎた利息は返してもらえるのか」「いつのまにか借金が膨れ上がり返済できなくなった」といったものや、返済に追われて所在不明となった債務者の身内からの「身内の借りた借金を返済する義務があるのか」「取立て行為が厳しいが何とかならないか」といったものなど、
　○　高金利に関する相談
　○　取立て行為に関する相談
　○　債務整理に関する相談
が多くを占めている。
　したがって、貸金業関係の相談に当たっては、
　○　刑事法上の金利規制と民事法上の金利規制
　○　金利計算の具体的な方法
　○　悪質な取立て行為に対する法規制とその対抗方法
　○　返済困難になった場合の負債整理の方法
等について、正しく理解しておく必要がある。

第2　貸金業と法規制

　貸金業者を規制する主要な法律は、次の3つである。
　1　出資の受入れ、預り金及び金利等の取締りに関する法律（以下「出資法」という。）
　　高金利に対する処罰等を規定している。
　2　貸金業の規制等に関する法律（以下「貸金業規制法」という。）
　　貸金業の登録制度、貸金業者の業務規制（契約書、領収書の交付義務等）、悪質な取立て行為の規制等について規定している。
　3　利息制限法
　　民事上無効となる上限金利を規定している。
　　なお、同法は民事法であり、罰則の適用はない。

第3 金利の規制

1 出資法（刑事法）上の規制

出資法第5条（高金利の処罰）は、

① 業として金銭の貸付けを行う場合（貸金業者等の行う貸付け）は、

　　　年29.2％、1日当たり0.08％（※）

を超える割合による利息の契約をしたり、これを受領してはならない。

② 上記①以外の場合（友人に1回だけ貸付けるような場合）は、

　　　年109.5％、1日当たり0.3％

を超える割合による利息の契約をしたり、これを受領してはならない。

と規定している。これに違反すると、3年以下の懲役又は300万円以下の罰金（併科あり）に処せられる。

　　（注）平成12年6月1日の出資法の改正前までは、年40.004％、1日当たり0.1096％であった。

※ 高金利事犯の代表的なものに、「トイチ」「セツイチ」というのがある。「トイチ」とは、10日当たり1割、「セツイチ」とは、1節当たり（競馬などの1節、5～7日をいう）1割もの高金利を取るものである。

- 1か月（30日として）当たりの法定限度利率は0.08％×30日＝2.4％
- 10日当たりの法定限度利率は、0.08％×10日＝0.8％
- 5日当たりの法定限度利率は、0.08％×5日＝0.4％

であるから、これらの貸付方法が、いかに超高金利であるかが分かる。

2 利息制限法（民事法）上の規制

(1) 制限利息

利息制限法第1条第1項は、金銭消費貸借の利息の契約について、その利息の利率が、

① 元本が10万円未満の場合は年20％

② 元本が10万円以上100万円未満の場合は年18％

③ 元本が100万円以上の場合は年15％

を超えるときは、その超過部分について無効とする旨規定している。

(2) 制限利息を超えて支払った利息の取扱い

　ア 利息制限法による規定

利息制限法第1条第2項は、債務者が、超過利息を任意に支払った場合は、返

還請求できない旨規定しているが、最高裁判例により、今日では、利息制限法の制限利息を超える部分については、元本に充当され、さらに、元本に充当した結果、元本が完済となった後の過払金は、返還請求することができることとなっている。

イ　貸金業規制法による規定

昭和58年11月1日に施行された、貸金業規制法第43条（任意に支払った場合のみなし弁済）は、利息制限法第1条第1項の例外規定として、貸金業者の行う貸付けであって、出資法第5条第2項（高金利の処罰）等に違反しないものについては、利息制限法の制限利息を超える利息部分の支払いについても、以下の条件を具備する場合には、利息制限法第1条第1項の規定にかかわらず、有効な利息の債務の弁済とみなすこととした。これを「みなし弁済規定」という。※

みなし弁済規定の適用要件は、

① 貸主が登録貸金業者であること
② 債務者が利息として支払ったこと
③ 債務者が任意に支払ったこと
④ 債務者が現実に金銭で支払ったこと
⑤ 貸主が契約書を交付していること
⑥ 貸主が受取証書（領収書）を交付していること

となっている。

（注）みなし弁済規定の適用に当たっては、通常上記⑤、⑥の条件が問題となる場合が多い。特に、銀行振込による返済の場合、銀行の発行する振込受取書をもって領収書に代えることはできず、貸金業者が別途領収書を債務者に交付しない限りみなし弁済規定の適用はないとするのが判例の立場である。

以上の関係を表に示すと次のようになる。

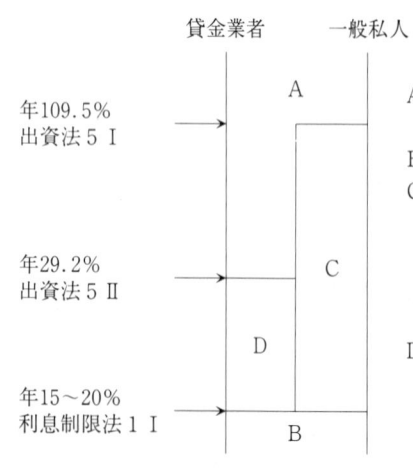

```
            貸金業者    一般私人
                        A
年109.5%   →
出資法5Ⅰ
                        C
年29.2%    →
出資法5Ⅱ
                        D
年15～20%  →
利息制限法1Ⅰ              B
```

A…刑事罰が科せられる（出資法5Ⅰ）。民事的にも公序良俗に反するとして返還請求が認められる蓋然性が高い（民法90、708）。

B…契約は有効。債権者の支払請求権も認められる。

C…利息の契約は無効（利息制限法1Ⅰ）であるが、債務者が無効部分を任意に支払った場合には、①元本が残存するときには直ちに返還請求することはできない（同1Ⅱ）。②その場合には元本に充当し（判例）、③元本が残存しなくなった場合には返還請求できる（判例）。

D…利息の契約は無効（利息制限法1Ⅰ）であるが、Cの②③を否定し、この部分の債務者の利息の支払について、一定の要件を具備する場合は有効な債務の弁済とみなす（貸金業規制法43）。

第4 金利計算

1 出資法上の金利計算の基礎
金利は、

　　利息÷期間÷元金＝利率

によって求められるから、元金、利息、期間（これを「利息計算の3要素」という。）を特定しなければ計算できない。元金、利息、期間を特定するに当たっては、出資法上、次のような特則があるので、留意しなければならない。

(1) 元　金

　利息天引きの場合は、実際の交付額を元本額とする（出資法5条4項）。このように、利息計算の基礎となる元金を法定元本という。これに対し、契約上の貸付額を貸付名目額という。

(2) 期　間

　ア　期間の始期は、金銭の交付を受けた時点であり、契約書の日付には左右されない。

　イ　貸付期間が15日未満であるときは、これを15日として計算する（出資法5条3項）。

(3) 利　息

　ア　債務の不履行について予定される賠償額は、利息に含まれる（出資法5条1項）。

　イ　1年未満の複利計算は認められない（出資法5条5項）。

　ウ　貸主がその貸付けに関し受ける金銭は、礼金、割引料、手数料等名義のいかんを問わず、利息とみなされる（出資法5条6項）。

2 利息制限法上の金利計算の基礎
出資法とほぼ同じであるが、次の点が異なるので注意する必要がある。

(1) 期　間

　出資法では、貸付期間が15日未満であるときは、これを15日として計算するが、利息制限法にはこのような特則はない。

(2) 利　息

　ア　賠償額

　　出資法では、債務の不履行について予定される賠償額は、利息に含まれるが、利息制限法では、利息に含まれない。ただし、債務の不履行について予定される

賠償額が、制限利息の2倍を超える場合は、その超過部分につき無効とされている。

　　イ　みなし利息

　　出資法では、貸主がその貸付けに関し受ける金銭は、礼金、割引料、手数料等名義のいかんを問わず、すべて利息とみなされるが、利息制限法では、このうち契約締結費用（契約書作成費用、公正証書作成費用等）、弁済費用（強制執行費用、競売費用等）は、みなし利息とはならない。

第5　貸付方法の種類

現実に行われている貸付方法は、多種多様であるが、実際の金利計算に当たっては、貸付方法を次の3つに大別して考えると理解しやすい。

1　元金一括償還貸付

　貸付時に利息を天引し、満期日に元金だけを一括返済するものと、元金と利息を満期日に一括返済するものとがある。

2　償還金、償還日が均等でない割賦償還貸付

　1回に返済する金額が一定でなかったり、返済日から返済日までの期間が一定でない割賦償還貸付である。

3　償還金、償還日が均等の割賦償還貸付

　5回に分けて、10日ごとに3万円ずつ返済するというように、1回の返済金額が一定で、かつ、返済日から返済日までの期間が一定の割賦償還貸付である。

第6　相談受理時の留意事項

相談受理に当たっては、次の点に留意する必要がある。

1　金利計算の基礎は、元本、利息、期間であるから、当該金銭貸借の契約内容、利息の支払状況、元本の返済状況等を詳細かつ正確に確認する。

2　超過利息額や返済請求できる金額について教示する場合は、「試算したところでは、法定利息より2万円程度超過しているようです」というように概数で示し、断定的な言い方はしない。

3　貸金業者等から多額の負債を抱え、債権の返済に苦しむ多重債務者の弱みに付け込んだ、「紹介屋」、「手形つかませ屋」等の組織的・計画的な詐欺商法の事例がみられるので、こうした相談があった場合は詳細に聴取する必要がある（問8、問9参照）。

❶ 金利計算の方法

> 問1　A貸金業者からお金を借り現在も返済しているのですが、利息が高くて困っています。どうしたらいいでしょうか。

―ポイント―
1. 利息制限法と出資法による金利の規制について説明する。
2. 金利計算の基本的な方法について教示する。
3. 貸金業者の登録制度について説明する。

・・・●回　　答●・・・

1　金銭の貸付金利については、利息制限法と出資法でそれぞれ規制されています。

　利息制限法では、

① 元本が10万円未満の場合は、　　　　　　　　　年20％
② 元本が10万円以上100万円未満の場合は、　　　年18％
③ 元本が100万円以上の場合は、　　　　　　　　年15％

を超える割合の利息の契約は、無効とされています。

　また、出資法では、貸金業者の行う貸付けについては、

　　年29.2％、1日当たり0.08％

を超える利息を受領することはもちろん、その契約をしてもならないこととされており、これに違反すると、3年以下の懲役又は300万円以下の罰金に処せられます。

2　利息制限法の制限利息は、例えば元金10万円未満の場合、

　　利息制限法の制限利息＝元金×0.20×借入日数÷365

と計算します。この場合、

　○　利息天引きの場合は、実際の交付額を元本額とする。
　○　貸主が受け取る礼金、割引料、手数料等は、利息とみなされる。

ことになっています。

3　また、出資法の法定限度利息は、

　　出資法の法定限度利息＝元金×0.0008×借入日数

と計算します。この場合も、前と同様

　○　利息天引きの場合は、実際の交付額を元本額とする。

○　貸主が受け取る礼金、割引料、手数料等は、利息とみなされる。
ことになっているほか、

　　○　貸付期間が15日未満であるときは、これを15日として計算する。
ことになっています。

4　あなたが、実際に支払った利息が、利息制限法の制限利息を超えていれば、超える部分については原則として、まず元本に充当され、さらに、元本に充当した結果、元本が完済となった後の過払金は、返還請求できますし、契約上支払うこととなっている利息が、利息制限法の制限利息を超えていれば、その超過部分については、支払義務はありませんが、この点についての詳細は、各地方財務局、都道府県の貸金業担当課、消費生活センター及び都道府県貸金業協会や弁護士等に相談されてはいかがですか。

　また、出資法（高金利等）に違反しているようであれば、もう一度、担当の○○課に詳しい話をお聞かせ下さい。

　　［問合せ先］
　　○　金融庁監督局銀行第二課金融会社室［主たる営業所等（本店等）の所在地を管轄する各地方財務局］
　　○　各都道府県の貸金業担当課（金融課、商工金融課等）
　　○　社団法人　全国貸金業協会連合会（苦情処理委員会）
　　　　〒108-0073　東京都港区三田3-7-13-201
　　　　　　　　　ＴＥＬ　03-3452-8171
　　　・各都道府県貸金業協会

─────────【解　　説】─────────

1　金利の規制

本章第3参照

2　金利計算の方法

金利は、

　　利息÷期間（借入日数）÷元金＝利率

によって求められる。そしてこの計算式は、

　　元金×利率×期間＝利息

と変形できる。この計算式により、利息制限法、出資法の法定限度利息を計算することができる。

(1)　利息制限法の制限利息の計算

　　元金×0.20×借入日数÷365（元金10万円未満の場合）
　　　　　※

　　（注）　0.20は借入元本額によって変わる（本章第3、2(1)参照）。

ところで、これらの計算をするについては、

　　○　利息天引きの場合は、実際の交付額を元本額とする。

　　○　貸主が受け取る礼金、割引料、手数料等は、利息とみなされる。

の点に留意する必要がある。

(2)　出資法の法定限度利息の計算

　　元金×0.0008×借入日数

ところで、これらの計算をするについても、上記同様

　　○　利息天引きの場合は、実際の交付額を元本額とする。

　　○　貸主が受け取る礼金、割引料、手数料等は、利息とみなされる。

ことに留意するほか、

　　○　貸付期間が15日未満であるときは、これを15日として計算する。

ことにも留意する必要がある。

なお、割賦償還貸付の場合については、問5以下に掲載した。

3　その他

これまでの相談事例の中に、「A貸金業者は、信用できるか」といったものがある。業者の信用度について、警察が回答する立場にないことはいうまでもないが、次のような点について、相談者に注意を促す必要がある。

(1)　貸金業登録と登録名簿の閲覧

貸金業を営もうとする者は、

　　①　2以上の都道府県に営業所等を設置してその事業を営もうとする場合は、総理

大臣（主たる営業所等（本店等）の所在地を管轄する財務局長又は財務支局長）
② 1の都道府県内にのみ営業所等を設置してその事業を営もうとする場合は、その所在地を管轄する都道府県知事

の登録を受けなければならないこととなっており（貸金業規制法3条）、この登録を受けずに貸金業を営んだ者は、3年以下の懲役若しくは300万円以下の罰金に処せられ、又はこれを併科される。

　総理大臣又は都道府県知事は貸金業者登録簿を一般の閲覧に供することとされているので、当該貸金業者が登録業者であるかどうかは、各都道府県（①の場合は、本店所在地の財務局）の貸金業担当課（金融課、商工金融課等）に行けば確認できる。

❷ 契約内容、返済状況等が不明の場合

> 問2　半年くらい前にB貸金業者から20万円を借り、その後数回にわたって約15万円を返済したのですが、先日、B貸金業者から「現在、元利合計が25万円になっている。今月中に全額支払え」と言ってきました。返済期限は、とっくに過ぎてはいるのですが、今のところ返せるあてがありません。それにしても残額25万円は高すぎるように思います。ただし、返済日、返済額については、あるときに、あるだけ返しておりましたのでメモもしていなかったことからはっきりと覚えておりません。

――ポイント――
1　残存元本がはっきりしないときは、できるだけ早く調停等により債務額を確定する。
2　負債整理の方法には、調停のほか、①任意整理②訴訟③自己破産がある。
3　高金利違反の成立が不明の場合でも、書面交付義務違反等がないか検討する。

・・・●回　答●・・・

　契約内容や返済状況がはっきりしないので、高金利違反になるかどうかは判断できません。

　できるだけ早く裁判所に調停を申し立てるなどして、残存債務額を確定し、返済計画を立てることが大切です。この点の詳しいことについては、各地方財務局、都道府県の貸金業担当課、消費生活センター及び都道府県貸金業協会や弁護士等に相談されることをお勧めします。

【解　説】

1　調停の申立て

　本問のように、契約内容も返済状況もはっきりしない場合は、高金利違反となるかどうかの判断はできない。このようなケースでは、債務者は、できるだけ早く債務額を確定し、返済計画を立てることが肝要である。債務額を確定する方法としては、調停手続による場合が一般的である。

　調停は、裁判所の調停委員が当事者の間を斡旋して当事者間の合意を成立させることによって解決を図る制度である。調停は、相手方（貸金業者）の住所、事務所等を管轄

する簡易裁判所に申立てを行うことになっている。申立書は、記載内容が定型化されているから、弁護士に依頼しなくても裁判所の窓口で少し指導を受ければ、申立人自身でも書くことができる。

2　出資法違反、貸金業規制法違反の検討

契約内容、返済状況が判明せず、出資法に規定している高金利違反として問擬することが難しい場合でも、契約に際して契約書が交付されていなければ貸金業規制法第17条（書面の交付）違反が、また、返済に際してその都度領収書が交付されていなければ貸金業規制法第18条（受取請求の交付）違反（ただし、口座振込等による返済の場合は除く。）が成立することとなる。したがって、相談受理に際しては、これらの点についても十分に検討する必要がある。

3　その他の負債整理の方法

調停の他に、負債整理の方法としては、任意整理、訴訟、自己破産があるが、これらの手続については、いずれも民事法上の法律知識を要するため、この点について質問があった場合は、弁護士に相談するよう教示することが望ましい。

【参　考】

(1)　任意整理

裁判所等の公的機関を利用せず、私的に貸金業者と話し合い、双方の合意により債務整理を行う。

(2)　訴　訟

利息制限法に基づき計算した結果、債務が存在しなかったり、過払いになっている場合には、その業者を相手どり裁判所に債務不存在確認訴訟や不当利得返還請求訴訟を提

起できる。これらの訴訟を提起するには、訴状を貸金業者の所在地を管轄する簡易裁判所又は地方裁判所（訴額が90万円を超える場合）に提出する。

なお、平成10年1月に施行された民事訴訟法の改正によって、30万円以下の金銭請求事件について、原則として1回で審理を終え直ちに判決する少額訴訟手続が導入されるなど、充実した審理を迅速に行うことになっている。

(3) 自己破産

破産は、債務者が経済的に破綻し、その資力をもってすべての債権者に対する債務を完全に弁済することができなくなった場合に、原則として債務者の生活に欠くことのできないものを除く全財産を換価して、すべての債権者に対し、債権額に応じて公平に弁済することを目的とする裁判上の手続である。

破産は、債権者から申し立てることもできるが、債務者自ら申し立てる場合を自己破産という。自己破産の決定がなされ、その後、免責が決定すると負債はなくなる。

破産者になると、

① 裁判所の許可なく住居地を離れて転住、長期旅行ができない。
② 弁護士、公認会計士、税理士等になれない。
③ 株式会社の取締役、監査役の退任事由となる。

等の不利益を受けることとなるが、戸籍に傷がつくとか、配偶者、親、子、兄弟等に影響があるということはない。

自己破産の申立ては、原則として債務者本人の住居地を管轄する地方裁判所に対し、口頭又は書面で行う。

❸ 高金利の事例～元金一括償還貸付の場合

> 問3　C貸金業者に20万円の借金を申し込んだところ、貸付期間は30日間で、利息として2万円を天引され18万円を受け取りました。そして、返済日に20万円を返しましたが、利息が高過ぎないでしょうか。もし、高過ぎるのであれば、払い過ぎた利息は返してもらえるのですか。

---ポイント---
1　本問の場合、利息制限法の制限利息を超えて支払った利息は返還請求できると考えられる。
2　出資法の高金利違反の疑いが考えられる。

●●●回　答●●●

　利息制限法の制限利息を1万7,000円くらい超えており、これについては返還請求ができます。返還請求の手続は、貸金業者に直接返還を求め、相手がこれに応じない場合は民事訴訟を提起するというのが一般的な形です。この点の詳しいことについては、各地方財務局、都道府県の貸金業担当課の消費生活センター及び都道府県貸金業協会や弁護士等に相談されることをお勧めします。また、この貸付契約は、出資法の法定限度利息を超過しており、出資法違反の疑いもあると考えられます。担当者から折り返し連絡をさせますので、詳しい内容をお聞かせください。

【解　説】

1　利息制限法の制限利息を超えて支払った利息の返還請求

　利息制限法の制限利息を計算してみる。これは、利息天引の元金一括償還貸付であり、18万円を元金（法定元本）として利息計算すればよい。元金10万円以上100万円未満の場合の制限利率は、年18％であるから、

　　180,000円（元金）×0.18×30÷365＝2,663円

であり、これ以上の利息の契約は民事上無効となる。また、本問の契約は出資法違反の疑いがある（2参照）ことから、貸金業規制法第43条のみなし弁済規定の適用はない。

したがって、本章第3、2、(2)（制限利息を超えて支払った利息の取扱い）で説明したように、利息制限法の制限利息を超えて支払った利息

20,000円（実際の支払利息）－2,663円（利息制限法上の法定限度利息）＝1万7,337円

について、全額返還請求することができると考えられる。

返還請求の具体的な手続については、

① 債務者が直接貸金業者と話し合う
② 調停手続
③ 訴訟手続

等がある。

2　出資法の高金利違反の検討

出資法違反について検討してみる。これは、利息天引の元金一括償還貸付であり、18万円を元金（法定元本）として法定限度利息を計算すると、

180,000円×0.0008×30日＝4,320円

であるから、

20,000円（実際の支払利息）－4,320円（法定限度利息）＝15,680円

で、超過利息額は、1万5,680円となり、高金利違反の疑いがある。

ちなみに、この場合の利率は、

20,000（利息）÷30（期間）÷180,000（元金）＝0.003703…

で、1日当たり0.37％となり、出資法の法定限度利率（1日当たり0.08％）を超えていることが分かる。

❹ 高金利の事例〜償還金、償還日が均等でない割賦償還の場合

> **問5** E貸金業者に、平成〇年1月5日に15万円の借入れを申し込んだところ、その利息として2万円を天引され13万円の交付を受けました。その後、元金はその年の1月20日に5万円、2月10日に7万円、2月25日に3万円を分割償還しました。利息が高過ぎると思うが、よく調べてください。

―ポイント―
1. 出資法の高金利違反の疑いが考えられる。
2. 本問の場合、利息制限法の制限利息を超えて支払った利息を返還請求できると考えられる。

●●●回　答●●●

　この貸付契約は、出資法に触れる可能性があると思われますので、担当の〇〇課（〇〇警察署）に連絡をしておきますから、契約書、領収書等をもって、担当者のところへ行ってください。

　なお、試算したところでは、利息制限法の制限利息を1万8,000円くらい超過していますが、これについては返還請求ができると考えられます。返還請求の手続は、貸金業者に直接返還を求め、相手がこれに応じない場合は民事訴訟になるというのが一般的な形です。この点の詳しいことについては、各地方財務局、都道府県の貸金業担当課、消費生活センター及び都道府県貸金業協会や弁護士等に相談されることをお勧めします。

●―――――――――【解　説】―――――――――●

1　出資法の高金利違反の検討

　これは1回の償還金及び償還日が不均等の割賦償還貸付である。この場合は、返済日ごとに法定限度利息額を計算し、これを累計して、全体の法定限度利息額を計算することとなる。

　第1回返済日までの貸付けについては、

法定元本（実際の交付額）13万円
　　　借入期間１月５日から１月20日の16日間（１月５日と１月20日の両日とも含める。）
であるから、この間の法定限度利息は、
　　　130,000円×0.0008×16日＝1,664円
となる。したがって、１月20日に返済した５万円のうち
　　　1,664円は利息の支払い
　　　残額４万8,336円は元本の返済
ということになる。
　次に、第１回返済日の翌日から、第２回返済日までの貸付けについては、
　　　元本残額（法定限度利息計算上の元本）　８万1,664円
　　　借入期間１月21日から２月10日の21日間
であるから、この間の法定限度利息は、
　　　81,664円×0.0008×21日＝1,372円
となる。したがって、２月10日に返済した７万円のうち
　　　1,372円は利息の支払い（小数点以下四捨五入した。）
　　　残額６万8,628円は元本の返済
ということになる。
　以下同様に計算していき、各返済期間ごとの法定限度利息を合計したものが、当該貸付けに係る法定限度利息ということになる。これを分かりやすく表にして計算すると次のようになる。

割賦回数 （月　日）	法定限度利息 計算上の元本	各支払期毎の法定限度利息	元　本　償　還　額
第1回 (1.5～1.20)	130,000	130,000×0.0008×16＝1,664	50,000－1,664＝48,336
第2回 (1.21～2.10)	81,664	81,664×0.0008×21＝1,372	70,000－1,372＝68,628
第3回 (2.11～2.25)	13,036	13,036×0.0008×15＝156	30,000－156＝29,844
計		3,192	

　この計算により、法定限度利息は、3,192円となる。また、支払った利息は、15万円－13万円＝2万円であるから、超過利息は、

　　20,000円－3,192円＝16,808円

で、1万6,808円となる。

　ちなみに、この場合の利率の近似値は、

　　0.0008：X＝3,192：20,000

　　X＝0.00501

で、1日当たり約0.5パーセントとなる。

2　利息制限法の制限利息を超えて支払った利息は請求できるか。

　前記と同様の方法により、利息制限法の制限利息の計算をすると、

割賦回数 （月　日）	法定限度利息 計算上の元本	各支払期毎の法定限度利息	元　本　償　還　額
第1回 (1.5～1.20)	130,000	30,000×0.18×16÷365 ＝1,025.7534…	50,000－1,026＝48,974
第2回 (1.21～2.10)	83,120	83,120×0.18×21÷365 ＝839.118575…	70,000－839＝69,161
第3回 (2.11～2.25)	15,738	15,738×0.18×15÷365 ＝87.76849…	30,000－88＝29,912
計		1,953	

となり、利息制限法の制限利息は、1,953円となる。

　本問の場合、出資法に違反する疑いもあることから、問3と同様、みなし弁済規定の適用はなく、利息制限法の制限利息を超える部分

　　20,000円－1,953円＝1万8,047円

について、返還請求できる。

❺ 高金利の事例～償還金、償還日が均等の割賦償還の場合

> 問6　F貸金業者に50万円の借金を割賦返済で申し込んだところ利息として4万円のほか調査費、保証料として1万円、計5万円を天引きされ、45万円を受け取りました。返済方法は10日ごとに10万円ずつ5回払いの約束ですが、これは高金利とならないのですか。もし、高金利となるなら、支払わなくてよいのですか。

── ポイント ──
1　利息制限法の制限利息超過部分については、民事上支払義務はないと考えられる。
2　出資法の高金利違反の疑いが考えられる。

●●●回　答●●●

　利息制限法に基づく制限利息を4万円あまり超過していますから、この部分については支払う義務はないと考えられます。この点の詳しいことについては、各地方財務局、都道府県の貸金業担当課、消費生活センター及び都道府県貸金業協会や弁護士等に相談されることをお勧めします。

　また、この貸付契約は、出資法違反の疑いがあり、悪質な業者と思われます。担当の○○課（○○警察署）に連絡をしておきますので、契約書、領収書等をもって、担当者のところへ行って詳しくお話してください。

●────【解　説】────●

1　利息制限法上の超過利息に関する、民事上の支払い義務

　問5と同様の方法により利息制限法の制限利息を計算すると、次のようになる。

　なお、調査費、保証料は利息とみなされるから、天引された5万円を差し引いた金額が法定元本である。

　このように、利息制限法の制限利息は、6,249円となる。また、契約利息は、天引の5万円であるから、超過利息は、

　　50,000円－6,249円＝43,751円

割賦回数	法定限度利息計算上の元本	各支払期毎の法定限度利息	元 本 償 還 額
第1回	450,000	450,000×0.18×10÷365 ＝2,219.178	100,000－2,219＝97,781
第2回	352,219	352,219×0.18×10÷365 ＝1,736.970	100,000－1,737＝98,263
第3回	253,956	253,956×0.18×10÷365 ＝1,252.385	100,000－1,252＝98,748
第4回	155,208	155,208×0.18×10÷365 ＝765.409	100,000－765＝99,235
第5回	55,973	55,973×0.18×10÷365 ＝276.031	100,000－276＝99,724
計		6,249	

で、4万3,751円となる。

　利息制限法に定める制限利息超過部分については、民事上無効である（利息制限法1条1項）から支払う義務はないと考えられる。したがって、相手方（貸金業者）に対し、「当該金銭消費貸借契約については、利息制限法に定める制限利息を超過しており、超過部分については無効であること及び利息制限法に基づいた利息により償還することとしたこと」を内容証明郵便等で通知し、これに基づいて返済すればよい。もし、相手方が受領を拒否した場合は、供託をしておけば債務不履行とはならない。

2　出資法の高金利違反の検討

　上記と同様の方法により出資法上の法定限度利息額を計算すると、次のようになる。

割賦回数	法定限度利息 計算上の元本	各支払期毎の法定限度利息	元 本 償 還 額
第1回	450,000	450,000×0.0008×10＝3,600	100,000－3,600＝96,400
第2回	353,600	353,600×0.0008×10＝2,829	100,000－2,829＝97,171
第3回	256,429	256,429×0.0008×10＝2,051	100,000－2,051＝97,949
第4回	158,480	158,480×0.0008×10＝1,268	100,000－1,268＝98,732
第5回	59,748	59,748×0.0008×10＝478	100,000－ 478＝99,522
計		10,226	

　このように、出資法の法定限度利息は、1万0,226円となる。また、契約利息は、5万円であるから、超過利息は、
　　50,000円－10,226円＝39,774円
で、3万9,774円となる。

　ちなみに、この場合の利率の近似値は、
　　$0.0008 : X = 10,226 : 50,000$
　　$X = 0.0039115\cdots$
で、1日当たり0.4パーセント弱となる。

❻ 高金利の事例〜システム金融等

問10　1か月前に自宅に「無担保、無保証、500万円まで即日融資。」などと書かれたダイレクトメールが送られて来たので、電話で融資の申込みをしたところ、「最初は100万円までしか融資できません。100万円であれば、支払期日が20日先の額面60万円の約束手形2枚を送ってください。20万円は利息です。」と言われたので、平成○年1月10日に、支払い期日が同年1月30日の約束手形2枚（額面合計120万円）を郵送し、同日、100万円を借りました。

その後2週間過ぎた頃に、今度は「△△ファイナンス」という会社から同じようなダイレクトメールが届き、○○リースへ振り出した手形の支払い期日が迫っていたことから、電話で融資の申込みをし、同年1月25日に、支払い期日が同年2月14日の額面70万円の約束手形2枚（額面合計140万円）を振り出して100万円借りました。

なんとか不渡りは免れましたが、これらの業者の利息は高すぎないでしょうか。

もし、高すぎるのであれば、払い過ぎた利息は返してもらえるのでしょうか。

―ポイント―
1　本文の場合、利息制限法の制限利息を超えて支払った利息は返還請求できると考えられる。
2　出資法の高金利違反の疑いが考えられる。
3　システム金融や商品販売仮装形態等、最近の高金利事犯について理解しておく。

・・・●回　答●・・・

お話の○○リース及び△△ファイナンスについては、システム金融と呼ばれている貸金業者だと思われます。この2社との貸付契約は、出資法に触れる可能性があると思われますので、担当の○○課（○○警察署）に連絡をしておきますから、契約書や当座取引明細書等をもって、担当者のところへ行ってください。

なお、試算したところでは、○○リースの貸付けは、利息制限法の制限利息を19万

1,370円ぐらい超えており、△△ファイナンスの貸付けは、利息制限法の制限利息を39万1,370円ぐらい超えておりますので、これらについては返還請求ができると考えられます。返還請求の手続きは、貸金業者に直接返還を求め、相手がこれに応じない場合は民事訴訟になるというのが一般的な形です。この点の詳しいことについては、各地方財務局、都道府県の貸金業担当課、消費生活センター及び都道府県貸金業協会や弁護士に相談されることをお勧めします。

【解　説】

1　利息制限法の制限利息を超えて支払った利息の返還請求

　この事例は、手形割引による元金一括償還貸付であるが、手形割引の場合は、特約がない限り、貸付日から手形の支払期日までの間を貸付期間として計算すればよく、元金100万円以上の制限利率は、年15％であるから、○○リース、△△ファイナンスのいずれも、

　　1,000,000円（元金）×0.15×21÷365＝8,630円

が制限利息となり、これ以上の契約は民事上無効となる。また、本事例の契約は出資法違反の疑いがある（2参照）ことから、貸金業規制法第43条のみなし弁済規定の適用はない。

したがって、利息制限法の制限利息を超えて支払った利息、

　○○リースの場合

　　200,000円（実際の支払利息）－8,630円（利息制限法上の法定限度利息）＝191,370円

　△△ファイナンスの場合

　　400,000円（実際の支払利息）－8,630円（利息制限法上の法定限度利息）＝391,370円

について、全額返還請求することができると考えられる。

2　出資法の高金利違反の検討

　手形割引による元金一括償還貸付であり、出資法上の法定限度利息を計算すると、

　　1,000,000円（元金）×0.0008×21＝16,800円

であるから、

　○○リースの場合

　　200,000円（実際の支払利息）－16,800円（法定限度利息）＝183,200円

　△△ファイナンスの場合

　　400,000円（実際の支払利息）－16,800円（法定限度利息）＝383,200円

が超過利息額となり、高金利違反の疑いがある。

　ちなみに、この場合の利率は、

　○○リースの場合

　　200,000円（利息）÷21（期間）÷1,000,000円（法定限度利息）＝0.0095238……

で、1日当たり0.95％、

　△△ファイナンスの場合

　　400,000円（利息）÷21（期間）÷1,000,000円（法定限度利息）＝0.0190476……

で、1日当たり1.90％となり、いずれも出資法の法定限度利息（1日当たり0.08％）を大きく超えている。

3　システム金融について

　最近、複数の貸金業者が、資金繰りに苦しむ中小企業主等の情報を共有の上、ダイレクトメール等で融資を勧誘し、約束手形や先付小切手を振り出させて高金利で融資を行い、手形の支払期日が迫ると別の業者が同じ方法で高金利で融資を勧誘する形態の事犯が増えており、複数の業者がシステム的に次々と融資を行うことから、業者間で「システム金融」と呼ばれている。

4　その他の手口（商品販売等仮装事犯）について

　金券ショップ経営者がテレホンカードや商品券等の販売を仮装して融資するもの、古

物業者が家具や家電製品の買い取りやリースを仮装して融資するもの等、仮装形態の高金利事犯が増えている。

　手口が巧妙なこの種事犯については、貸金業規制法や出資法違反を判断するため、勧誘広告の方法・内容、相手方の取引時の言動等をよく聴取し、担当の係に引き継ぐ必要がある。

❼ 強引な取立て行為の事例

> 問7　1か月前に夫が家出をしたのですが、私にはその理由が分かりませんでした。ところが、昨日貸金業者Gの従業員と名乗る男2人が午後8時ころやってきて、私と息子に対し夫のした借金を返せと言ってきました。私が「主人が勝手に借りた金で、私たちには関係ない」と断ると、2人の男は、「亭主が借りたものを返すのは当然のことだ。返してもらうまでは帰らないぞ」等と大声で怒鳴り約3時間も居座りました。このような場合、どうしたらよいでしょうか。また、ここ数か月夫からはお金をもらっておらず、このお金もギャンブルに使ったものと思いますが、このような場合でも夫のした借金だということで、私たちが返さなくてはいけないのでしょうか。

---ポイント---
1　貸金業者の悪質な取立て行為は、刑法の暴行罪、脅迫罪等に抵触しなくても、処罰される。
2　保証人等になっていないかぎり、原則として配偶者や親族の借金についても、返済の義務はない。

・・・●回　答●・・・

　この貸金業者の従業員の行為は、悪質な取立て行為として、法律に違反するおそれがあります。○○課（○○警察署）に連絡をしておきますので、担当者のところへ行ってください。
　もし、また同じような取立て行為を受けて困られたときには、110番してください。
　また、ご主人がされた借金がギャンブルのためであり、食費等の生活費に使われていないのであれば、奥さんが保証人等になっていない限り、返済の義務はないと考えられます。この点の詳しいことについては、各地方財務局、都道府県の貸金業担当課、消費生活センター及び都道府県貸金業協会や弁護士等に相談してください。
　これまでの例からすると、こうした業者は必ずといってよいほど家族に保証人になるよう要求してきます。ここで大切なことは、返済する意思がないのであれば、はっきりと断り何と言われても決して保証人にはならないことです。

【解　説】

1　取立て行為の規制違反

　貸金業規制法第21条（取立て行為の規制）は、債権取立て行為としての正当な権利の範囲を逸脱し、かつ、刑法の暴行、脅迫等には至らないが、これらの周辺にある行為を取り締まろうとするものである。商工ローン業者による過酷な取立て等が社会問題化したことから、平成12年6月1日、改正貸金業規制法が施行され、罰則の引上げ等取立て行為規制が強化された。

(1) 規制の対象

　本条の規制の対象となる者は、「貸金業者」、「貸金業者の貸付けの契約に基づく債権取立てについて貸金業者その他の者から委託を受けた者～いわゆる取立屋」、「貸金業者の貸付けに係る契約について貸金業者と保証契約を締結した保証業者」及び「貸金業者から債務の弁済について委託を受けた者であって当該貸付けの契約に係る債務を弁済したことにより求償権を取得した者」である。

(2) 禁止行為

　「人を威迫し困惑させる」ことと、「その私生活若しくは業務の平穏を害するような言動により、その者を困惑させる」ことである。

　「人を威迫し」とは、他人に対して言語、動作等をもって気勢を示し、不安の念を生じさせることをいうものと解される。

　また、「その私生活若しくは業務の平穏を害するような言動」とは、人の意思を制圧するほどのものではないが、人の私生活や業務の平穏な進行を阻害するような言動

をいい、「困惑させる」とは、前記の手段によって人に心理的圧迫を加え精神的に自由な判断を困難にし、又は制限することをいうものと解される。

具体的な事例としては、次のようなものが考えられるが、当該取立て行為が、禁止行為に該当するかどうかは、当該行為の時間、場所、態様、対象等を総合的に勘案し、客観的にみて当該行為が債権取立ての方法として社会通念上許される範囲を逸脱しているかどうかによって判断することとなる。

ア　訪問の事例
- １人の女性に対し、男２人が、大声で怒鳴り、あるいは玄関の戸を足でけとばす等したうえ、大声で近所に「○○さんは、借りた金を返さない」と触れ回る行為
- 深夜に訪問し、債務者をたたき起こし外に呼び出したうえ、近所に聞こえるような大声で、「今すぐに残金全額を支払え…」等と怒鳴る行為
- 小売商が、客の応対で一番忙しい時間帯に、男２名で店舗を訪問し、客に聞こえるような声で返済を要求する行為を数日間繰り返す行為
- 保証人でもない借受人の娘が、関係ないと断っているのにかかわらず、返済を要求する行為

イ　電話の事例
- 借受人の義父（返済の義務なき者）に対し、「おまえが代わりに借金を払え」といって、10日間にわたり、昼間電話により催促する行為
- 夜の11時ころから翌日の午前３時ころまでの間、30分ごとに電話をかけ返済を要求する行為
- 借受人の職場に30分ごとに電話を入れ、返済を要求する行為

ウ　貼り紙の事例
- 借受人の顔写真をわら半紙大に拡大し、赤字で「早く金を返せ」と書いて、通行人の目に触れるように玄関に貼り付ける行為
- 借受人のアパートの入口ドアに、黒マジックで「金返せ、○○ローン、…」とぎっしりと書き込んだ新聞大の紙を貼り付ける行為

エ　電報の事例
- 数日間にわたり、午前零時から午前２時にかけて「至急連絡しろ。金返せ」という督促の電報を送達する行為

２　悪質な取立て行為についての対抗方法

悪質な取立て行為については、貸金業規制法違反や刑法（暴行、脅迫罪）等として刑罰が科せられると考えられるが、債務者等は民事上、取立て禁止の仮処分、損害賠償

（慰謝料）請求等の対抗手段をとることができる。

3　夫の借金を妻が返済する義務

　夫が、日常の家事（日常の食糧や衣服の購入、家賃の支払い、子女の養育等）のためにした借金については、妻は連帯して責任を負わなければならない（「民法第761条（日常の家事による債務の連帯責任）」）が、ギャンブル等日常の家事に関連がないもののために夫が勝手にした借金については、連帯保証人等になっていない限り、妻に返済義務はない。また、親族のした借金についても、保証人、連帯保証人になっていない限り、返済の義務はない。

　未成年の子（責任無能力者）が、親（法定代理人）の同意なしにした借金（金銭消費貸借契約）については、親は取消すことができる。取り消した場合、貸金業者に返済する金額は、当該未成年者が、その金を生活費等に消費した場合は全額、遊興費等に浪費した場合は、手元に残っている額だけを返済しなければならない（「民法第12条（取消しの効果）」）。

⑧ 紹介屋商法

> 問8　1か月前のスポーツ新聞の広告欄に、「50万円まで即融資、全国どこでもOK、来店不要、フリーダイヤル〇〇〇〇〇番」などと、広告が掲載されていたので、電話で融資を申し込んだところ、「あなたの与信状態はよくない。うちでは貸せないので他の店を紹介してあげる」などと言われたので、紹介された消費者金融に行って融資を受けた後、紹介手数料として融資額の20％の額を指定された銀行の口座に振り込みました。
> 　その後、紹介をした貸金業者とは連絡がつかなくなりました。
> 　だまされたように思うのですが。

―ポイント―
1　紹介手数料の返還請求に関する民事法上の規定、手続で返還請求ができる場合があることを説明する。
2　同種事案の検挙事例があるので、後日担当係から連絡させる旨を説明して協力を要請する。

・・・●回　　答●・・・

　今お聞きしましたが、新聞に広告を掲載した貸金業者及び融資をした貸金業者について調べなければなりませんが、広告を掲載した貸金業者から紹介されたものと信用して紹介手数料を振り込んでしまったような事案については、いわゆる「紹介屋商法」といわれるものです。それぞれ貸金業者が関係していることから、業者については、貸金業規制法の規制がありますが、紹介手数料の返還に関する特別の規定はありません。

　したがって、紹介手数料の返還請求に関しては、民事法上の規定、手続が適用される場合もあることから、詳細については、地方財務局、都道府県の貸金業担当課、消費生活センター及び都道府県貸金業協会や弁護士等に相談してみてください。

　なお、話を伺っておりますと詐欺の被害に遭っていることも考えられますので、担当の係から連絡させます。更に詳しい内容について教えてください。

●―――――――――【解　説】―――――――――●
1　貸金業規制法における業務規制

(1) 過剰貸付け等の禁止

　貸金業規制法第13条によって、貸金業者は、資金需要者である顧客又は保証人となろうとする者の資力又は信用、借入れの状況、返済計画等について調査し、その者の返済能力を超えると認められる貸付けの契約をしてはならないと規定されているが、罰則の規定はなく、いわば訓示規定となっている。

(2) 書面の交付

　貸金業規制法第17条以降において、貸金業者が顧客に契約書あるいは返済を受けた際の受領書を交付しなかったり、債務の弁済が完了しても債権証書を返還しないような場合には、債権の内容、残存債務の有無等がわからなくなり、債務者が不利な状況に置かれることとなるので、契約書面の交付等について規制されている。

(3) その他の規制

　ア　貸付条件の掲示

　　　貸金業規制法第14条によって、貸金業者は、内閣府令で定めるところにより、営業所又は事務所ごとに顧客の見やすい場所に、貸付利率や返済の方式、期間、回数等を掲示しなければならないと規定されている。

　イ　貸付条件の広告

　　　貸金業規制法第15条によって、貸金業者は、貸付け条件について広告するときは、内閣府令で定めるところにより、貸付け利率その他金銭の貸付けに関する事項、金銭の貸借の媒介に関する事項を表示しなければならないと規定されている。

　ウ　誇大広告の禁止

　　　　貸金業規制法第16条によって、貸金業者は、その業務に関して広告するときは、貸付けの利率その他の貸付けの条件について、著しく事実に相違する表示をし、又は実際のものよりも著しく有利であると人を誤認させるような表示はしてはならないと規定されている。

2　貸金業規制法違反の検討
　本事例の場合、貸金業の登録業者が、新聞広告に「50万円まで即融資、全国どこでもＯＫ、来店不要、フリーダイヤル〇〇〇〇番」の広告を掲載しており、この広告を見て融資を申し込んできた顧客に対して、紹介手数料を指定口座に振り込ませている内容であるが、貸金業規制法の中で、「誇大広告の禁止」の規定については、貸金業者の業務に関する広告規制であるなど、貸金業規制法違反としての適用は消極と考えられる。

3　詐欺罪の検討
　相談者からの詳細の事情を聴取するとともに、それぞれの貸金業者の経営実態及び他社との業務提携、顧客の信用情報を操作する意思及び能力について明らかにしなければならないが、これまでの同種の検挙事例からして紹介手数料を名目にした詐欺商法の疑いが強いので、担当の係に引き継ぐ必要がある。

⑨ 手形つかませ屋

問9　20日前に自宅に「来店不要、低金利の大口融資」などと印刷されたダイレクトメールが送られてきました。借金の返済の期限が迫っていたので、電話で融資の申込みをしたところ、「あなたには現金の貸付はできませんが、約束手形で融資してくれる会社を紹介します。手形を現金化して借金を返済してください。謝礼金として手形額面の1割を指定口座に振り込んでください」などと言われたので、早速、約束手形の額面の1割に当たる50万円を振り込んだところ、約束手形が送られてきました。さっそく、銀行や信用金庫に行って割引を依頼したのですが、取り扱ってくれません。振り込んだ現金を取り戻したいのですがどうすればよいでしょうか。
　だまされたような気もしますので、よく調べてください。

---ポイント---
1　謝礼金（斡旋手数料）の返還請求に関する民事法上の規定、手続によって返還請求ができる場合があることを説明する。
2　同種事案の検挙事例があるので、後日担当係から連絡させる旨を説明して協力を要請する。

・・・回　答・・・

　今お聞きしましたが、ダイレクトメールを発送した貸金業者や会社及び約束手形を振り出した会社等について調べなければなりませんが、約束手形を割り引くことによって融資を受けられるものと信用して斡旋手数料を振り込んでしまったような事案については、いわゆる「手形つかませ屋」といわれるものです。貸金業者が関係していれば貸金業規制法の規制がありますが、斡旋手数料の返還に関する特別の規定はありません。また、会社の形態であれば、商法等によって規制がありますが、この種事案についての明確な規定はありません。

　したがって、斡旋手数料の返還請求に関しては、民事法上の規定、手続が適用される場合もあることから、詳細については、地方財務局、都道府県の貸金業担当課、消費生活センター及び都道府県貸金業協会や弁護士等に相談してみてください。

　なお、話を伺っておりますと詐欺の被害に遭っていることも考えられますので、担当

の係から連絡させます。更に詳しい内容について教えてください。

● ──────────【解　説】────────── ●

1　貸金業規制法違反の検討

　貸金業規制法における業務規制である、過剰貸付け等の禁止、書面の交付、貸付条件の掲示、貸付条件の広告及び誇大広告の禁止等に関する規定については、前記の問8のとおりであるが、いずれの規制についても、貸金業規制法違反としての適用は消極と考えられる。

2　詐欺罪の検討

　相談者からの詳細な事情を聴取するとともに、ダイレクトメールを発送した貸金業者又は会社及び約束手形の振り出し会社等の実態、並びに約束手形の信用度等について明らかにしなければならないが、これまでの同種の検挙事例からして斡旋手数料を名目にした詐欺商法の疑いが考えられる。

3　その他

(1)　「手形つかませ屋」に係る闇ブローカーの介在

　手形つかませ屋は、闇ブローカー等を通じて小道具として架空会社の約束手形を入手するまでは、

- 「会社屋」〜倒産会社、休眠会社、他人の戸籍等を買い取るなどして、架空会社を次々と設立して、その権利を販売等する商法
- 「当座屋」〜金融機関に対し、架空会社が取引があるように装い、数年かけて銀行の信用を得た上で、当座預金口座を開設し、統一手形用紙を入手

　　　　　　して販売する商法
・　「手形屋」〜当座屋等から買い取った手形用紙に必要事項を記入して偽造の上、買い取り価格に上乗せして販売する商法

などの各商法を経て偽手形が闇の世界で流通されているような事例がみられる。

　したがって、「手形つかませ屋」が出現するまでには、組織的に数年かけて隠密に準備されるものである。

(2)　顧客を募る方法

　ダイレクトメールのほか、新聞の広告欄に「低利高額融資、債務切替一本化、保証人担保不要、フリーダイヤル〇〇〇〇番」などと載せて融資を誘う場合もある。

(3)　対応

　媒介手数料の返還請求等を教示し、その教示に従って返還請求通知を配達証明付きの内容証明郵便で出したのにもかかわらず、貸金業者等がこれに応じないような場合には、刑法（詐欺罪）等に抵触することも考えられるので、担当の係に引き継ぐ必要がある。

付　録

消費者行政窓口一覧

中央省庁

省庁等	郵便番号	住所	電話
内閣府国民生活局消費者企画課	100-6004	東京都千代田区霞が関3-2-5 霞が関ビル内 霞が関郵便局私書箱第89号	(03)3581-9095
内閣府国民生活局消費者調整課	100-6004	東京都千代田区霞が関3-2-5 霞が関ビル内 霞が関郵便局私書箱第89号	(03)3581-1025
警察庁生活安全局生活環境課（生活経済対策室）	100-8974	東京都千代田区霞が関2-1-2	(03)3581-0141
金融庁総務企画局総務課	100-8967	東京都千代田区霞が関3-1-1	(03)3506-6000
総務省大臣官房企画課	100-8926	東京都千代田区霞が関2-1-2	(03)5253-5111
公正取引委員会経済取引局取引部消費者取引課	100-8987	東京都千代田区霞が関1-1-1	(03)3581-5471
法務省大臣官房秘書課	100-8977	東京都千代田区霞が関1-1-1	(03)3580-4111
財務省大臣官房総合政策課	100-8940	東京都千代田区霞が関3-1-1	(03)3581-4111
文部科学省生涯学習政策局男女共同参画学習課	100-8959	東京都千代田区霞が関3-2-2	(03)3581-4211
厚生労働省政策統括官社会保障担当参事官室	100-8916	東京都千代田区霞が関1-2-2	(03)5253-1111
農林水産省総合食料局消費生活課	100-8950	東京都千代田区霞が関1-2-1	(03)3502-8111
経済産業省商務情報政策局消費経済部消費経済政策課	100-8901	東京都千代田区霞が関1-3-1	(03)3501-1511
国土交通省総合政策局政策課	100-8918	東京都千代田区霞が関2-1-3	(03)5253-8111
環境省総合環境政策局総務課	100-8975	東京都千代田区霞が関1-2-2	(03)3581-3351

都道府県

都道府県	名称	郵便番号	所在地	電話
北海道	北海道環境生活部生活文化室生活振興課消費生活室	060-8588	札幌市中央区北3条西6丁目	(011)231-4111 FAX 232-3965
青森県	青森県環境生活部生活衛生・交通安全課	030-8570	青森市長島1-1-1	(017)734-9209 FAX 734-8047
岩手県	岩手県立県民生活センター	020-0021	盛岡市中央通3-10-2	(019)624-2209 FAX 624-2790
宮城県	宮城県環境生活部生活・文化課	980-8570	仙台市青葉区本町3-8-1	(022)211-2523 FAX 211-2592
秋田県	秋田県生活環境文化部県民文化政策課	010-8570	秋田市山王4-1-2	(018)860-1516 FAX 860-3891
山形県	山形県文化環境部県民生活女性課	990-8570	山形市松波2-8-1	(023)630-2550 FAX 625-8186
福島県	福島県生活環境部県民生活課	960-8670	福島市杉妻町2-16	(024)521-7180 FAX 521-7918

都道府県	名　　　　称	郵便番号	所　在　地	電　話
茨 城 県	茨城県生活環境部生活文化課	310-8555	水戸市笠原町978-6	(029)301-2829 FAX 301-2848
栃 木 県	栃木県生活環境部文化振興課	320-8501	宇都宮市塙田1-1-20	(028)623-2135 FAX 623-2121
群 馬 県	群馬県環境生活部県民生活課	371-8570	前橋市大手町1-1-1	(027)226-2892 FAX 243-7706
埼 玉 県	埼玉県総務部消費生活課	336-8501	さいたま市高砂3-15-1	(048)830-2935 FAX 830-4756
千 葉 県	千葉県環境生活部県民生活課	260-8667	千葉市中央区市場町1-1	(043)223-2296 FAX 201-2613
東 京 都	東京都生活文化局消費生活部	163-8001	新宿区西新宿2-8-1	(03)5388-3053 FAX 5388-1332
神奈川県	神奈川県県民部消費生活課	231-8588	横浜市中区日本大通1	(045)210-1111 FAX 201-8754
新 潟 県	新潟県環境生活部生活企画課	950-8570	新潟市新光町4番地1	(025)285-5511 FAX 283-5879
富 山 県	富山県生活環境部生活文化課	930-8501	富山市新総曲輪1-7	(076)444-3129 FAX 444-3477
石 川 県	石川県環境安全部生活安全課	920-8580	金沢市広坂2-1-1	(076)223-9179 FAX 223-9464
福 井 県	福井県県民生活部生活企画課	910-8580	福井市大手3-17-1	(0776)20-0287 FAX 20-0632
山 梨 県	山梨県企画部県民室県民生活課	400-8501	甲府市丸の内1-6-1	(055)223-1352 FAX 223-1354
長 野 県	長野県生活環境部生活文化課	380-8570	長野市大字南長野字幅下692-2	(026)235-7172 FAX 234-6579
岐 阜 県	岐阜県地域県民部生活安全消費者課	500-8570	岐阜市藪田南2-1-1	(058)272-1111 FAX 272-8233
静 岡 県	静岡県生活・文化部県民生活室	420-8601	静岡市追手町9-6	(054)221-2175 FAX 221-2642
愛 知 県	愛知県県民生活部県民課	460-8501	名古屋市中区三の丸3-1-2	(052)961-2111 FAX 951-5280
三 重 県	三重県生活部生活課	514-8570	津市広明町13	(059)224-2622 FAX 224-3069
滋 賀 県	滋賀県企画県民部県民文化課	520-3577	大津市京町4-1-1	(077)528-3415 FAX 528-4840
京 都 府	京都府商工部消費生活課	602-8570	京都市上京区下立売通新町西入藪ノ内町	(075)414-4868 FAX 414-4870
大 阪 府	大阪府生活文化部府民活動推進課	540-8570	大阪市中央区大手前2-1-22	(06)6941-0351 FAX 6944-6645
兵 庫 県	兵庫県県民生活部生活文化局生活創造課消費生活対策室	650-8567	神戸市中央区下山手通5-10-1	(078)362-3155 FAX 362-3908

都道府県	名　　　称	郵便番号	所　　在　　地	電　話
奈 良 県	奈良県生活環境部県民生活課	630-8501	奈良市登大路町30	(0742)22-1101 FAX 27-6139
和歌山県	和歌山県環境生活部県民生活課	640-8585	和歌山市小松原通1-1	(073)432-4111 FAX 433-1771
鳥 取 県	鳥取県生活環境部県民生活課	680-8570	鳥取市東町1-271	(0857)26-7186 FAX 38-2547
島 根 県	島根県環境生活部県民課	690-8501	松江市殿町1	(0852)22-5103 FAX 22-5098
岡 山 県	岡山県生活環境部県民生活課	700-8570	岡山市内山下2-4-6	(086)224-2111 FAX 233-7677
広 島 県	広島県環境生活部管理総室消費生活室（広島県生活センター）	730-0036	広島市中区袋町3-17 シシンヨービル6F	(082)240-6111 FAX 240-5533
山 口 県	山口県環境生活部県民生活課	753-8501	山口市滝町1-1	(083)933-2608 FAX 933-2629
徳 島 県	徳島県県民環境部県民環境政策課	770-8570	徳島市万代町1-1	(088)621-2258 FAX 621-2833
香 川 県	香川県生活環境部県民生活課	760-8570	高松市番町4-1-10	(087)832-3176 FAX 835-9402
愛 媛 県	愛媛県県民環境部男女共同参画局生活課	790-8570	松山市一番町4-4-2	(089)941-2111 FAX 921-0631
高 知 県	高知県文化環境部生活女性課	780-8570	高知市丸ノ内2-4-1 　高知県庁北庁舎内	(088)823-9653 FAX 823-9879
福 岡 県	福岡県生活労働部生活文化課	812-8577	福岡市博多区東公園7-7	(092)643-3380 FAX 643-3384
佐 賀 県	佐賀県生活環境局県民生活課	840-8570	佐賀市城内1-1-59	(0952)25-7059 FAX 25-7327
長 崎 県	長崎県生活環境部県民生活課	850-8570	長崎市江戸町2-13	(095)824-1111 FAX 824-8192
熊 本 県	熊本県環境生活部県民生活総室	862-8570	熊本市水前寺6-18-1	(096)383-1111 FAX 382-7403
大 分 県	大分県生活環境部生活環境課生活安全室	870-8501	大分市大手町3-1-1	(097)536-1111 FAX 532-7671
宮 崎 県	宮崎県生活環境部生活環境課	880-8501	宮崎市橘通東2-10-1	(0985)26-7054 FAX 20-2221
鹿児島県	鹿児島県環境生活部県民生活課	890-8577	鹿児島市鴨池新町10-1	(099)286-2521 FAX 286-5537
沖 縄 県	沖縄県文化環境部生活企画・交通安全課	900-8570	那覇市泉崎1-2-2	(098)866-2187 FAX 866-2789

政令指定都市

都道府県	名　　　　称	郵便番号	所　在　地	電　話
北 海 道	札幌市市民局生活文化部消費者センター	060-8611	札幌市中央区北1条西2丁目	(011)211-2245 FAX 218-5153
宮 城 県	仙台市市民局生活文化部市民生活課	980-8671	仙台市青葉区国分町3-7-1	(022)214-6135 FAX 211-5986
千 葉 県	千葉市市民局生活文化部消費生活センター	260-8722	千葉市中央区千葉港2-1 千葉中央コミュニティセンター1F	(043)245-5742 FAX 245-5883
神奈川県	横浜市経済局総務部消費経済課	231-0017	横浜市中区港町1-1	(045)671-2568 FAX 661-0692
	川崎市市民局市民生活部消費者行政センター	210-0006	川崎市川崎区砂子1-10-2 ソシオ砂子ビル6F	(044)200-2262 FAX 244-6099
愛 知 県	名古屋市市民経済局生活流通部消費流通課	460-8508	名古屋市中区三の丸3-1-1	(052)972-2434 FAX 972-4136
京 都 府	京都市文化市民局市民総合相談課（市民生活センター）	604-8186	京都市中京区烏丸御池東南角 アーバネックス御池ビル	(075)256-1110 FAX 256-0801
大 阪 府	大阪市消費者センター	559-0034	大阪市住之江区南港北2-1-10 アジア太平洋トレードセンターITM棟3F	(06)6614-7521 FAX 6614-7525
兵 庫 県	神戸市市民局生活文化部消費生活課	650-8570	神戸市中央区加納町6-5-1	(078)322-5184 FAX 322-6036
広 島 県	広島市市民局消費生活センター	730-0011	広島市中区基町6-27 広島センター街8F	(082)225-3329 FAX 221-6282
福 岡 県	北九州市立消費生活センター	806-0022	北九州市八幡西区藤田3-1-1 メイト黒崎6F	(093)641-9813 FAX 641-9763
	福岡市消費生活センター	810-0073	福岡市中央区舞鶴2-5-1 あいれふ7F	(092)712-2929 FAX 712-2765

全国消費生活センター一覧

名称	郵便番号	所在地	電話
国民生活センター	108-8602	東京都港区高輪3-13-22	(03)3443-6211(テープ案内) 相談受付　　　3446-0999 企画広報課　　3443-8623 企画広報課 FAX 3443-8624
〃　　商品テスト・研修施設	229-0029	神奈川県相模原市弥栄3-1-1	(042)758-3161(代) 管理連絡室 　　　FAX(042)758-5620 研修生活研究部 　　　　　FAX 758-5624 商品テスト部　FAX 758-5626

都道府県の消費生活センター

都道府県	名称	郵便番号	所在地	電話
北海道	北海道立消費生活センター	060-0004	札幌市中央区北4条西7丁目 緑苑木下ビル内	(011)221-0110 相談 271-0999 FAX 221-4210
	北海道立消費生活センター 　　渡島相談所	041-8558	函館市美原4-6-16 北海道渡島支庁地域政策部 環境生活課内	(0138)34-2350 FAX 47-9205
	北海道立消費生活センター 　　檜山相談所	043-8558	檜山郡江差町字陣屋町336-3 北海道檜山支庁地域政策部 環境生活課内	(01395)4-2150 FAX 2-5783
	北海道立消費生活センター 　　後志相談所	044-8588	虻田郡倶知安町北1条東2丁目 北海道後志支庁地域政策部 環境生活課内	(0136)21-2528 FAX 22-5835
	北海道立消費生活センター 　　空知相談所	068-8588	岩見沢市8条西5丁目 北海道空知支庁地域政策部 環境生活課内	(0126)25-8350 FAX 22-3621
	北海道立消費生活センター 　　上川相談所	079-8610	旭川市永山6条19丁目 北海道上川支庁地域政策部 環境生活課内	(0166)49-4089 FAX 46-5201
	北海道立消費生活センター 　　留萌相談所	077-8585	留萌市住之江町2-1-2 北海道留萌支庁地域政策部 環境生活課内	(0164)49-2770 FAX 42-1650
	北海道立消費生活センター 　　宗谷相談所	097-8558	稚内市末広4-2 北海道宗谷支庁地域政策部 環境生活課内	(0162)34-9455 FAX 33-2568
	北海道立消費生活センター 　　網走相談所	093-8585	網走市北7条西3丁目 北海道網走支庁地域政策部 環境生活課内	(0152)61-3018 FAX 44-3122
	北海道立消費生活センター 　　胆振相談所	051-8558	室蘭市幸町9-11 北海道胆振支庁地域政策部 環境生活課内	(0143)25-4160 FAX 22-5170
	北海道立消費生活センター 　　日高相談所	057-8558	浦河郡浦河町栄丘東通56 北海道日高支庁地域政策部 環境生活課内	(01462)4-2066 FAX 4-7516
	北海道立消費生活センター 　　十勝相談所	080-8588	帯広市東3条南3丁目 北海道十勝支庁地域政策部 環境生活課内	(0155)20-4880 FAX 22-3746
	北海道立消費生活センター 　　釧路相談所	085-8588	釧路市浦見2-2-54 北海道釧路支庁地域政策部 環境生活課内	(0154)44-3460 FAX 41-2703
	北海道立消費生活センター 　　根室相談所	087-8588	根室市常磐町3-28 北海道根室支庁地域政策部 環境生活課内	(01532)9-2860 FAX 3-6215
青森県	青森県消費生活センター	030-0822	青森市中央3-20-30 県民福祉プラザ5F	(017)722-3338 相談 722-3343 FAX 722-3414
	青森県消費生活センター 　　弘前相談室	036-8345	弘前市大字蔵主町4 弘前合同庁舎別館2F	(0172)36-4500 FAX 36-4502

都道府県	名　　　称	郵便番号	所　　在　　地	電　　話
青 森 県	青森県消費生活センター 　　　　　　　　八戸相談室	039-1104	八戸市大字尻内町字鴨田7 八戸合同庁舎2F	(0178)27-3381 FAX 27-3134
	青森県消費生活センター 　　　　　　　　むつ相談室	035-0073	むつ市中央1-1-8 むつ合同庁舎2F	(0175)22-7051 FAX 22-7078
岩 手 県	岩手県立県民生活センター	020-0021	盛岡市中央通3-10-2	(019)624-2209 (019)624-2586 相談 624-2209 FAX 624-2790
	花巻地方振興局消費生活相談室	025-0075	花巻市花城町1-41 花巻地区合同庁舎内	(0198)22-4911 FAX 23-7758
	北上地方振興局消費生活相談室	024-8520	北上市芳町2-8 県合同庁舎内	(0197)65-2731 FAX 64-5237
	水沢地方振興局消費生活相談室	023-0053	水沢市大手町1-2	(0197)22-2811 FAX 22-3749
	一関地方振興局消費生活相談室	021-0027	一関市竹山町7-5 県合同庁舎内	(0191)26-1411 FAX 23-6676
	千厩地方振興局消費生活相談室	029-0803	東磐井郡千厩町千厩字北方85-2 県合同庁舎内	(0191)52-4901 FAX 52-3590
	大船渡地方振興局消費生活相談室	022-8502	大船渡市猪川町字前田6-1 県合同庁舎内	(0192)27-9911 FAX 27-1395
	遠野地方振興局消費生活相談室	028-0525	遠野市六日町1-22 県合同庁舎内	(0198)62-9930 FAX 62-9249
	釜石地方振興局消費生活相談室	026-0043	釜石市新町6-50 釜石地区合同庁舎内	(0193)25-2701 FAX 23-3472
	宮古地方振興局消費生活相談室	027-0072	宮古市五月町1-20 県合同庁舎内	(0193)64-2211 FAX 63-4703
	久慈地方振興局消費生活相談室	028-8042	久慈市八日町1-1 県合同庁舎内	(0194)53-4981 FAX 53-1720
	二戸地方振興局消費生活相談室	028-6101	二戸市福岡字八幡下11-1 県合同庁舎内	(0195)23-9201 FAX 25-4062
宮 城 県	宮城県消費生活センター	980-0012	仙台市青葉区錦町1-1-20 宮城県婦人会館内	(022)261-8883 相談 261-5161 FAX 261-5178
	宮城県古川地方県事務所 　　　　　　　　県民相談室	989-6117	古川市旭4-1-1	(0229)22-5700 FAX 22-6673
	宮城県石巻地方県事務所 　　　　　　　　県民相談室	986-0812	石巻市東中里1-4-32	(0225)95-1411 相談 93-5700 FAX 22-8386
	宮城県大河原地方県事務所 　　　　　　　　県民相談室	989-1243	柴田郡大河原町字南129-1	(0224)53-3111 相談 52-5700 FAX 53-3267
	宮城県迫地方県事務所 　　　　　　　　県民相談室	987-0511	登米郡迫町佐沼字西佐沼150-5	(0220)22-6111 相談 22-5700 FAX 22-8096
	宮城県築館地方県事務所 　　　　　　　　県民相談室	987-2251	栗原郡築館町藤木5-1	(0228)23-5700 FAX 22-4380
	宮城県気仙沼地方振興センター 　　　　　　　　県民相談室	988-0034	気仙沼市朝日町1-1	(0226)22-7000 FAX 23-8175
秋 田 県	秋田県総合生活文化会館生活センター	010-0001	秋田市中通2-3-8 アトリオン7F	(018)836-7806 相談 835-0999 FAX 836-7808
	鹿角地方部県民室	018-5201	鹿角市花輪字六月田1	(0186)22-0456 FAX 23-5574
	北秋田地方部県民室	018-3393	北秋田郡鷹巣町鷹巣字東中岱76-1	(0186)62-1251 FAX 63-0496
	山本地方部県民室	016-0815	能代市御指南町1-10	(0185)52-6203 FAX 55-2296
	由利地方部県民室	015-8515	本庄市出戸町字水林366	(0184)22-5431 FAX 22-6683
	仙北地方部県民室	014-0062	大曲市上栄町13-62	(0187)63-5223 FAX 63-6369

都道府県	名称	郵便番号	所在地	電話
秋田県	平鹿地方部県民室	013-8502	横手市旭川1-3-41	(0182)32-0594 FAX 32-8349
	雄勝地方部県民室	012-0857	湯沢市千石町2-1-10	(0183)73-8191 FAX 72-5057
山形県	山形県消費生活センター	990-0031	山形市十日町1-6-6	(023)624-0999 FAX 624-0729
	山形県庄内消費者センター	997-1301	東田川郡三川町大字横山字袖東19-1 庄内支庁内	(0235)66-2111 FAX 66-2835
福島県	福島県消費生活センター	960-8043	福島市中町8-2 自治会館1F	(024)521-7767 相談 521-0999 FAX 521-7982
茨城県	茨城県消費生活センター	310-0802	水戸市柵町1-3-1 水戸合同庁舎内	(029)224-4722 相談 225-6445 FAX 226-9156
	茨城県消費生活センター取手分室	302-0023	取手市白山1-2-25	(0297)73-2692 相談 73-1151 FAX 73-7389
	茨城県消費生活センター鉾田分室	311-1517	鹿島郡鉾田町鉾田1367-3 鉾田合同庁舎内	(0291)33-4111 FAX 33-3630
	茨城県消費生活センター土浦分室	300-0051	土浦市真鍋5-17-26 土浦合同庁舎内	(0298)22-8511 FAX 22-7050
	茨城県消費生活センター下館分室	308-8510	下館市二木成615 下館合同庁舎内	(0296)24-2211 FAX 24-2357
栃木県	栃木県消費生活センター	320-0071	宇都宮市野沢町4-1 とちぎ女性センター内	(028)665-7733 相談 665-7744 FAX 665-7740
群馬県	群馬県消費生活センター	371-0843	前橋市新前橋町13-12 社会福祉総合センター7F	(027)254-2255 相談 254-3000 FAX 254-3113
埼玉県	埼玉県消費生活支援センター	330-0843	さいたま市吉敷町1-124	(048)643-0799 相談 643-0999 FAX 640-1961
	埼玉県消費生活支援センター川越	350-1124	川越市新宿町1-1-1 埼玉県川越地方庁舎分館	(0492)49-4751 相談 47-0888 FAX 47-1091
	埼玉県消費生活支援センター春日部	344-0067	春日部市中央1-51-1 春日部大栄ビル4F	(048)734-0999 FAX 739-1152
	埼玉県消費生活支援センター熊谷	360-0046	熊谷市鎌倉町85 鎌倉ビル2F	(048)523-1711 相談 524-0999 FAX 525-6316
	埼玉県消費生活支援センター秩父	368-0042	秩父市東町29-20	(0494)21-1705 相談 24-3537 FAX 21-2422
千葉県	千葉県消費者センター	273-0014	船橋市高瀬町66-18	(047)431-3811 相談 434-0999 FAX 431-3858
東京都	東京都消費生活総合センター	162-0823	新宿区神楽河岸1-1 セントラルプラザ15F～17F	(03)3235-1151 相談 3235-1155 FAX 3268-1505
	東京都消費生活総合センター商品テスト課	105-0022	港区海岸1-7-8 東京産業貿易会館6F	(03)3433-8563 FAX 3431-8569
	東京都多摩消費生活センター	190-0012	立川市曙町2-34-7 ファーレイーストビル2F～3F	(042)522-5119 相談 522-5117 FAX 527-0764
神奈川県	かながわ中央消費生活センター	221-0835	横浜市神奈川区鶴屋町2-24-2 かながわ県民センター内	(045)312-1121 FAX 312-3506
	神奈川県平塚消費生活センター	254-0073	平塚市西八幡1-3-1 県平塚合同庁舎内	(0463)22-2711 相談 22-4093 FAX 22-7813
	神奈川県藤沢消費生活センター	251-0025	藤沢市鵠沼石上2-6-2 神奈川県企業庁水道局藤沢営業所内	(0466)25-4401 相談 25-4400 FAX 26-1349

都道府県	名　　称	郵便番号	所　在　地	電　話
神奈川県	神奈川県小田原消費生活センター	250-0012	小田原市本町2-3-24 県小田原合同庁舎	(0465)22-1151 FAX 22-9234
新潟県	新潟県消費生活センター	950-0994	新潟市上所2-2-2 新潟ユニゾンプラザ1F	(025)281-5516 相談 285-4196 FAX 281-5517
富山県	富山県消費生活センター	930-0805	富山市湊入船町6-7 富山県女性総合センター内	(076)432-2949 相談 432-9233 FAX 431-2631
	富山県消費生活センター高岡支所	933-0045	高岡市本丸町7-1 高岡市本丸会館本館内	(0766)25-2890 相談 25-2777 FAX 25-2890
石川県	石川県生活科学センター	920-0962	金沢市広坂1-7-1 石川県庁南分室	(076)222-6110 FAX 263-4343
	石川県生活科学センター 　　小松消費生活相談室	923-8515	小松市園町ハ108-1 小松県税事務所内	(0761)22-9110 FAX 22-9111
	中能登総合事務所消費生活相談室	926-0852	七尾市小島町二部33	(0767)52-6110 FAX 52-6224
	奥能登総合事務所消費生活相談室	928-0001	輪島市河井町2部287-1	(0768)23-0010 FAX 23-0210
福井県	福井県消費生活センター	910-0005	福井市大手3-11-17 県民会館内	(0776)22-1102 FAX 22-8190
	福井県嶺南消費生活センター	917-0069	小浜市小浜白鬚112 白鬚地区市街地再開発ビル業務棟3F	(0770)52-7830 FAX 52-7831
	福井県坂井県民相談室	913-8511	坂井郡三国町水居17-45 坂井合同庁舎内	(0776)82-2800
	福井県奥越県民相談室	912-0016	大野市友江11-10 奥越合同庁舎内	(0779)65-1280
	福井県南越県民相談室	915-0882	武生市上太田町41-5 南越合同庁舎内	(0778)23-4545
	福井県丹生県民相談室	916-0147	丹生郡朝日町内郡14-36 丹生合同庁舎内	(0778)34-1790
	福井県敦賀県民相談室	914-0811	敦賀市中央町1-7-42 敦賀合同庁舎内	(0770)22-0001
山梨県	山梨県消費生活センター	400-0862	甲府市朝気1-2-2	(055)233-3393 相談 235-8455 FAX 235-1077
	山梨県消費生活センター地方相談室	403-0005	富士吉田市上吉田1-2-5 山梨県富士吉田合同庁舎1F	(0555)24-9030 FAX 24-9031
長野県	長野県長野消費生活センター	380-0936	長野市大字中御所字岡田98-1	(026)223-6777 FAX 223-6771
	長野県松本消費生活センター	390-0811	松本市中央1-9-18 松本商工会館内	(0263)35-1556 FAX 35-0949
	長野県飯田消費生活センター	395-0034	飯田市追手町2-641-47	(0265)24-8058 FAX 21-1703
	長野県上田消費生活センター	386-0014	上田市材木町1-2-6	(0268)27-8517 相談 27-8517 FAX 25-0998
岐阜県	岐阜県消費生活センター	500-8803	岐阜市佐久間町4 県婦人生活会館内	(058)265-0999 FAX 265-0274
	西濃地域振興局振興課	503-0838	大垣市江崎町422-3	(0584)73-1111 FAX 74-9428
	中濃地域振興局振興課	505-8508	美濃加茂市古井町下古井大脇2610-1	(0574)25-3111 FAX 25-3934
	中濃地域振興局武儀事務所振興課	501-3756	美濃市生櫛1612-2	(0575)33-4011 FAX 35-1492
	東濃地域振興局振興課	507-8708	多治見市上野町5-68-1	(0572)23-1111 FAX 25-0079
	東濃地域振興局恵那事務所振興課	509-7203	恵那市長島町正家後田1067-71	(0573)26-1111 FAX 25-7129

都道府県	名称	郵便番号	所在地	電話
岐阜県	飛騨地域振興局振興課	506-8688	高山市上岡本町7-468	(0577)33-1111 FAX 33-1085
静岡県	静岡県中部県行政センター	420-0851	静岡市黒金町57	(054)273-3877 相談 252-2299 FAX 221-0273
	静岡県西部県行政センター	430-0915	浜松市東田町87 浜松総合庁舎1F	(053)458-7116 相談 452-2299 FAX 458-7160
	静岡県東部県行政センター	410-0801	沼津市大手町1-1-3 静岡県東部地域交流プラザ (パレット)4F	(0559)51-8202 相談 52-2299 FAX 51-8208
	静岡県熱海県行政センター	413-0016	熱海市水口町13-15 熱海総合庁舎2F	(0557)82-2299 FAX 82-9140
	静岡県富士県行政センター	416-0906	富士市本市場441-1 富士総合庁舎2F	(0545)64-2399 FAX 65-2104
	静岡県中遠県行政センター	438-0086	磐田市見付3599-4 中遠総合庁舎	(0538)37-2299 FAX 37-3678
	静岡県志太榛原県行政センター	426-8664	藤枝市瀬戸新屋362-1 藤枝総合庁舎2F	(054)646-2199 相談 645-2299 FAX 645-1152
	静岡県北遠県行政センター	431-3313	天竜市二俣町鹿島559 北遠総合庁舎1F	(0539)26-2299 FAX 26-2027
	静岡県伊豆県行政センター	415-0016	下田市中531-1 下田総合庁舎2F	(0558)24-2004 相談 24-2299 FAX 24-2008
	静岡県環境衛生科学研究所	420-8637	静岡市北安東4-27-2	(054)245-7684 FAX 245-7636
愛知県	愛知県消費生活センター	461-0016	名古屋市東区上竪杉町1 愛知県女性総合センター内	(052)962-2538 相談 962-0999 FAX 962-1009
	愛知県尾張消費生活センター	491-0859	一宮市本町4-3-1 ルボテンサンビル6F	(0586)71-0999 FAX 71-0977
	愛知県西三河消費生活センター	444-0860	岡崎市明大寺本町1-4 愛知県西三河総合庁舎7F	(0564)27-2778 相談 27-0999 FAX 23-4641
	愛知県東三河消費生活センター	441-8064	豊橋市富本町字国隠20-8	(0532)47-0999 FAX 47-0563
三重県	三重県県民生活センター	514-0004	津市栄町1-954 三重県民サービスセンター3F	(059)224-2400 相談 228-2212 FAX 229-1505
滋賀県	滋賀県立消費生活センター	522-0071	彦根市元町4-1	(0749)27-2233 相談 23-0999 FAX 23-9030
	滋賀県立消費生活センター草津分室	525-0034	草津市草津3-14-75	(077)567-5450 相談 563-7009 FAX 566-0593
	滋賀県甲賀地域振興局地域振興課相談窓口	528-8511	甲賀郡水口町水口6200	(0748)62-1601 相談 63-6104 FAX 63-6141
	滋賀県東近江地域振興局地域振興課相談窓口	527-8511	八日市市緑町7-23	(0748)22-1121 相談 22-7704 FAX 22-8680
	滋賀県湖北地域振興局地域振興課相談窓口	526-0033	長浜市平方町1152-2	(0749)63-3111 相談 65-6651 FAX 65-6676
	滋賀県湖西地域振興局地域振興課相談窓口	520-1621	高島郡今津町今津1758	(0740)22-0121 相談 22-6015 FAX 22-6070
京都府	京都府消費生活科学センター	604-8482	京都市中京区西ノ京笠殿町162	(075)802-3261 相談 821-0210 FAX 801-3530
大阪府	大阪府立消費生活センター	540-6591	大阪市中央区大手前1-7-31 大阪マーチャンダイズ・マートビル1F	(06)6945-0711 相談 6945-0999 FAX 6945-0822

都道府県	名　　　称	郵便番号	所　在　地	電　話
兵 庫 県	兵庫県立神戸生活創造センター	650-0044	神戸市中央区東川崎町1-1-3 神戸クリスタルタワー4F～6F	(078)360-8530 相談 360-0999 FAX 360-8536
	兵庫県立東播磨生活科学センター	675-0065	加古川市加古川町篠原町154-1	(0794)24-0999 FAX 24-0853
	兵庫県立姫路生活科学センター	670-0092	姫路市新在家本町1-1-22	(0792)96-0999 FAX 96-1496
	兵庫県立西播磨生活科学センター	679-4311	揖保郡新宮町宮内458-7	(0791)75-0999 FAX 75-0992
	兵庫県立但馬生活科学センター	668-0056	豊岡市妙楽寺41-1	(0796)23-0999 FAX 23-0998
	兵庫県立淡路生活科学センター	656-1521	津名郡一宮町多賀600	(0799)85-0999 FAX 85-0400
	兵庫県立丹波の森公苑活動支援部 　　　　情報相談コーナー	669-3309	氷上郡柏原町柏原5600	(0795)72-2127 相談 72-0999 FAX 72-0899
	兵庫県立生活科学研究所	650-0046	神戸市中央区港島中町4-2	(078)302-4000 FAX 302-4002
奈 良 県	奈良県生活科学センター	630-8213	奈良市登大路町10-1	(0742)27-0621 相談 26-0931 FAX 27-2686
	奈良県第二生活科学センター	634-0005	橿原市北八木町1-1-8 橿原中央ビル3F	(0744)29-3339 相談 23-0999 FAX 23-0899
和歌山県	和歌山県消費生活センター	640-8227	和歌山市西汀丁26 県経済センタービル2F	(073)433-1551 FAX 433-3904
	和歌山県消費生活センター紀南支所	646-0027	田辺市朝日ケ丘23-1 県西牟婁総合庁舎1F	(0739)24-0999 FAX 26-7943
鳥 取 県	鳥取県立消費生活センター	683-0043	米子市末広町74 米子コンベンションセンター4F	(0859)34-2668 相談 34-2648 FAX 34-2670
	鳥取県立消費生活センター 　　　　東部消費生活相談室	680-0011	鳥取市東町1-271 県庁第二庁舎内	(0857)26-7605 FAX 26-8144
	鳥取県立消費生活センター 　　　　中部消費生活相談室	682-0816	倉吉市駄経寺212-5	(0858)22-3000 FAX 22-3000
島 根 県	島根県消費者センター	690-0011	松江市東津田町1741-3 いきいきプラザ島根2F	(0852)32-5915 相談 32-5916 FAX 32-5918
	島根県消費者センター石見地区相談室	698-0007	益田市昭和町13-1 益田合同庁舎内	(0856)23-3657 FAX 23-3657
岡 山 県	岡山県消費生活センター	700-0813	岡山市石関町2-1	(086)224-2111 相談 226-0999 FAX 227-3715
	岡山県消費生活センター津山支所	708-8506	津山市山下53 津山地方振興局	(0868)23-2311 FAX 22-1974
広 島 県	広島県環境生活部管理総室消費生活室　　　（広島県生活センター）	730-0036	広島市中区袋町3-17 シシンヨービル6F	(082)240-6111 相談 240-5522 FAX 240-5533
	呉地域県民相談室	737-0811	呉市西中央1-3-25 広島県呉地域事務所	(0823)22-5400
	芸北地域県民相談室	731-0221	広島市安佐北区可部4-12-1 広島県芸北地域事務所	(082)814-3181
	東広島地域県民相談室	739-0014	東広島市西条昭和町13-10 広島県東広島地域事務所	(0824)22-6911
	尾三地域県民相談室	722-0002	尾道市古浜町26-12 広島県尾三地域事務所	(0848)25-2011
	福山地域県民相談室	720-0031	福山市三吉町1-1-1 広島県福山地域事務所	(0849)21-1311 相談 31-5522 FAX 23-6730
	備北地域県民相談室	728-0013	三次市十日市東4-6-1 広島県備北地域事務所	(0824)63-5181 相談 62-5522 FAX 63-3540

都道府県	名称	郵便番号	所在地	電話
山口県	山口県消費生活センター	753-0821	山口市葵2-6-2	(083)924-2421 相談 924-0999 FAX 923-3407
徳島県	徳島県立消費生活センター	770-0902	徳島市西新町2-5 徳島経済センタービル内	(088)623-0612 相談 623-0611 FAX 623-0174
香川県	香川県中央生活センター	760-0068	高松市松島町1-17-28 香川県高松合同庁舎内	(087)831-3151 相談 833-0999 FAX 861-3291
	香川県高松生活センター	760-0017	高松市番町5-4-15 中部保健所内	(087)831-1531 FAX 862-6836
	香川県丸亀生活センター	763-0034	丸亀市大手町2-2-1 丸亀保健所内	(0877)23-4151 相談 25-9193 FAX 25-5445
	香川県坂出生活センター	762-0002	坂出市入船1-2-28 坂出保健所内	(0877)46-0250 相談 44-9144 FAX 46-0383
	香川県観音寺生活センター	768-0060	観音寺市観音寺町甲966 観音寺保健所内	(0875)25-4066 相談 56-0093 FAX 25-6320
	香川県大内生活センター	769-2515	大川郡大内町町田638-4 大内保健所内	(0879)25-3141 相談 23-1393 FAX 24-2624
	香川県土庄生活センター	761-4121	小豆郡土庄町渕崎甲2079-5 土庄保健所内	(0879)62-1373 相談 61-1161 FAX 62-1384
	香川県琴平生活センター	766-0004	仲多度郡琴平町榎井817 琴平保健所内	(0877)73-3254 相談 56-4200 FAX 73-3354
愛媛県	愛媛県生活センター	791-8014	松山市山越町450 愛媛県女性総合センター内	(089)926-2603 相談 925-3700 FAX 946-5539
高知県	高知県立消費生活センター	780-0935	高知市旭町3-115 こうち女性総合センター2F	(088)824-0999 FAX 822-5619
福岡県	福岡県消費生活センター	812-0046	福岡市博多区吉塚本町13-50 吉塚合同庁舎内	(092)632-1600 相談 632-0999 FAX 632-0322
佐賀県	佐賀県消費生活センター	840-0815	佐賀市天神3-2-11 アバンセ内	(0952)24-0999 FAX 24-9567
長崎県	長崎県消費生活センター	850-0057	長崎市大黒町3-1 交通産業ビル4F	(095)824-0999 FAX 828-1014
熊本県	熊本県消費生活センター	860-0844	熊本市水道町14-15	(096)359-0178 相談 354-4835 FAX 354-7971
大分県	大分県消費生活センター	870-0045	大分市城崎町1-2-5	(097)534-0999 FAX 534-0684
宮崎県	宮崎県消費生活センター	880-0051	宮崎市江平西2-1-20 生活情報センター3F	(0985)32-7171 相談 25-0999 FAX 38-8727
	宮崎県都城地方消費生活センター	885-0024	都城市北原町16-1	(0986)24-0999 FAX 24-0998
	宮崎県延岡地方消費生活センター	882-0812	延岡市本小路39-3	(0982)31-0999 FAX 31-0998
鹿児島県	鹿児島県消費生活センター	892-0821	鹿児島市名山町4-3	(099)224-0999 FAX 224-4997
	鹿児島県大島消費生活相談所	894-8505	名瀬市永田町17-3	(0997)52-0999 FAX 52-0999
沖縄県	沖縄県県民生活センター	900-0036	那覇市西3-11-1 三重城合同庁舎4F	(098)863-9212 相談 863-9214 FAX 863-9215
	沖縄県県民生活センター宮古分室	906-0012	平良市字西里1125 宮古支所1F	(09807)2-0199 FAX 3-0096

都道府県	名　称	郵便番号	所在地	電話
沖縄県	沖縄県県民生活センター八重山分室	907-0002	石垣市真栄里438-1	(09808)2-1289 FAX 2-3760

政令指定都市の消費生活センター

都道府県	名　称	郵便番号	所在地	電話
北海道	札幌市市民局生活文化部消費者センター	060-8611	札幌市中央区北1条西2丁目	(011)211-2245 相談 211-2121 FAX 218-5153
宮城県	仙台市消費生活センター	980-0811	仙台市青葉区一番町4-11-1 仙台141ビル5F	(022)268-8305 相談 268-8306 FAX 268-8309
千葉県	千葉市市民局生活文化部消費生活センター	260-8722	千葉市中央区千葉港2-1 千葉中央コミュニティセンター1F	(043)245-5742 相談 243-1234 FAX 245-5883
神奈川県	横浜市消費生活総合センター	233-0002	横浜市港南区上大岡西1-6-1 ゆめおおかオフィスタワー4F	(045)845-7722 相談 845-6666 FAX 845-7720
	川崎市市民局市民生活部 　　　消費者行政センター	210-0006	川崎市川崎区砂子1-10-2 ソシオ砂子ビル6F	(044)200-2262 相談 200-3030 FAX 244-6099
	川崎市北部消費者センター	213-8515	川崎市高津区溝口1-6-12	(044)812-2262 相談 812-3336 FAX 812-2269
愛知県	名古屋市消費生活センター	460-0008	名古屋市中区栄1-23-13 伏見ライフプラザ11F	(052)222-9679 相談 222-9671 FAX 222-9678
京都府	京都市文化市民局市民総合相談課 　　　（市民生活センター）	604-8186	京都市中京区烏丸御池東南角 アーバネックス御池ビル	(075)256-1110 相談 256-0800 FAX 256-0801
大阪府	大阪市消費者センター	559-0034	大阪市住之江区南港北2-1-10 アジア太平洋トレードセンターITM棟3F	(06)6614-7521 相談 6614-0999 FAX 6614-7525
兵庫県	神戸市生活情報センター	650-0016	神戸市中央区橘通3-4-1	(078)371-1221 FAX 351-5556
広島県	広島市市民局消費生活センター	730-0011	広島市中区基町6-27 広島センター街8F	(082)225-3329 相談 225-3300 FAX 221-6282
福岡県	北九州市立消費生活センター	806-0022	北九州市八幡西区藤田3-1-1 メイト黒崎6F	(093)641-9813 FAX 641-9763
	北九州市立消費生活センター 　　　（戸畑相談窓口）	804-0081	北九州市戸畑区千防1-1-49 戸畑市民会館内	(093)871-0428 FAX 871-7720
	北九州市立門司消費生活センター	800-0031	北九州市門司区高田1-3-1	(093)371-8878 FAX 371-8879
	北九州市立黒崎消費生活センター	806-0022	北九州市八幡西区藤田3-1-1 メイト黒崎6F	(093)641-9782 FAX 641-9763
	福岡市消費生活センター	810-0073	福岡市中央区舞鶴2-5-1 あいれふ7F	(092)712-2929 相談 781-0999 FAX 712-2765

市区町村の消費生活センター

都道府県	名　　　称	郵便番号	所　在　地	電　話
北海道	函館市消費生活センター	040-0063	函館市若松町17-12 棒二森屋デパート内	(0138)26-4646 FAX 26-5877
	小樽市消費者センター	047-0031	小樽市色内1-9-5 小樽市分庁舎内	(0134)23-7851 FAX 22-1345
	旭川市消費生活センター	070-0035	旭川市5条通10丁目 旭川市5条庁舎4F	(0166)22-8228 FAX 26-2545
	室蘭市消費生活センター	050-0085	室蘭市輪西町2-1-17 市民会館内	(0143)44-2133 FAX 44-2133
	釧路市消費生活センター	085-0017	釧路市幸町9-1 釧路市交流プラザさいわい	(0154)24-3000 FAX 24-2075
	帯広市消費生活アドバイスセンター	080-0014	帯広市西4条南13丁目 とかちプラザ1F	(0155)22-8393 FAX 23-8126
	北見市商品テスト室	090-0024	北見市北4条東4丁目	(0157)25-1149 相談 23-4013 FAX 25-4992
	岩見沢市消費者センター	068-0025	岩見沢5条西7丁目 空知婦人会館内	(0126)23-7987 FAX 23-7987
	留萌地域消費生活センター	077-0041	留萌市明元町6-22-1	(0164)42-0651 FAX 42-0651
	苫小牧市消費者センター	053-0021	苫小牧市若草町3-3-8 市民活動センター内	(0144)33-6510 FAX 36-3606
	稚内市消費者センター	097-0022	稚内市中央4-16-2 稚内市保健福祉センター2F	(0162)23-4133 相談 23-4133 FAX 23-5960
	紋別市消費者センター	094-0005	紋別市幸町5丁目 オホーツク交流センター内	(01582)4-7779 FAX 4-7779
	名寄市消費者センター	096-0010	名寄市大通南1-1	(01654)2-3575 FAX 2-3575
	根室市消費生活センター	087-0028	根室市大正町1-30 根室市役所第2庁舎内	(01532)3-6111 FAX 4-9065
	滝川地方消費者センター	073-0032	滝川市明神町1-5-29 総合福祉センター内	(0125)23-4778 FAX 23-4778
	深川市消費者センター	074-0003	深川市3条18-36 深川市働く婦人の家内	(0164)22-7997 FAX 23-5045
	浦河町消費生活センター	057-0013	浦河郡浦河町大通り3-52 総合文化会館2F	(01462)2-6667 FAX 2-0100
青森県	弘前市消費生活センター	036-8356	弘前市大字下白銀町19-4 弘前文化センター内	(0172)34-3179
	八戸市市民生活センター	031-8686	八戸市内丸1-1-1	(0178)43-2111 FAX 45-2077
岩手県	盛岡市消費生活センター	020-0871	盛岡市中ノ橋通1-1-10 プラザおでって1F	(019)604-3301 相談 624-4111 FAX 653-4422
	水沢市生活産業部市民生活課相談係	023-8501	水沢市大手町1-1	(0197)24-2111 FAX 24-1991
秋田県	秋田市消費者センター	010-8560	秋田市山王1-1-1 秋田市役所庁舎内	(018)866-2016 FAX 866-2415
山形県	山形市生活情報センター	990-8580	山形市城南町1-16-1	(023)647-2201 相談 647-2211 FAX 647-2202
	米沢市消費生活センター	992-8501	米沢市金池5-2-25	(0238)22-5111 FAX 22-0498
	鶴岡市消費生活センター	997-8601	鶴岡市馬場町9-25	(0235)25-2111 FAX 23-7665
	酒田市消費生活センター	998-8540	酒田市本町2-2-45 酒田市役所商工港湾課内	(0234)26-5756 FAX 22-3910
福島県	郡山市市民部生活課消費生活センター	963-8601	郡山市朝日1-23-7 郡山市役所生活課内	(024)921-0333 FAX 921-1340

付　録　217

都道府県	名　　　称	郵便番号	所　在　地	電　話
福島県	いわき市消費生活センター	970-8026	いわき市平字菱川町5-12	(0246)22-1111 相談 22-0999 FAX 22-0985
茨城県	水戸市消費生活センター	310-0063	水戸市五軒町1-2-12 文化福祉会館3F	(029)226-4194 FAX 222-6826
	日立市女性政策課消費生活センター	316-0036	日立市鮎川町1-1-10 らぽーるひたち1F	(0294)33-3129 FAX 33-3467
	土浦市消費生活センター	300-0043	土浦市中央2-16-4 亀城プラザ内	(0298)23-3928 FAX 23-3937
	取手市消費生活センター	302-8585	取手市寺田5139	(0297)72-5022 FAX 72-5022
	つくば市消費生活センター	305-0031	つくば市吾妻1-2-5	(0298)61-1329 相談 61-1333 FAX 61-1300
	ひたちなか市消費生活センター	312-8501	ひたちなか市東石川2-10-1	(029)273-0111 FAX 276-3081
	鹿嶋市消費生活センター	314-8655	鹿嶋市大字平井1187-1	(0299)82-2911 FAX 84-7759
栃木県	宇都宮市消費生活センター	320-8540	宇都宮市旭1-1-5	(028)632-2286 相談 632-2848 FAX 632-6600
	足利市消費生活センター	326-0821	足利市南町4254-1 ステーションビル1F	(0284)73-1211 FAX 73-2600
	栃木市消費生活センター	328-0031	栃木市日ノ出町14-36 市民会館3F	(0282)23-8899 FAX 24-0353
	佐野市消費生活センター	327-0003	佐野市大橋町2042	(0283)24-5677 FAX 24-5677
	鹿沼市消費生活センター	322-0064	鹿沼市文化橋町1982-18	(0289)60-3117 FAX 60-3118
	日光市消費生活センター	321-1443	日光市清滝桜ケ丘210-7	(0288)53-1010 FAX 53-1010
	今市市消費生活センター	321-1261	今市市今市375 中央コミュニティーセンター内	(0288)22-4743 FAX 22-8506
	小山市消費生活センター	323-0031	小山市八幡町2-4-24	(0285)22-3711 FAX 22-3849
	真岡市消費生活センター	321-4325	真岡市田町1344 青年婦人会館内	(0285)84-7830 FAX 83-0199
	大田原市消費生活センター	324-0057	大田原市住吉町1-9-37	(0287)23-6236 FAX 23-6236
	矢板市消費生活センター	329-2192	矢板市本町5-4	(0287)43-6755 FAX 43-7501
	黒磯市消費生活センター	325-0042	黒磯市桜町1-5 いきいきふれあいセンター1F	(0287)63-7900 FAX 64-3728
群馬県	前橋市消費生活センター	371-0022	前橋市千代田町2-5-5 シーズポート2F	(027)230-1755 FAX 230-1756
	高崎市消費生活センター	370-0839	高崎市桧物町1-5 シンフォニア高崎城址2F	(027)327-5155 FAX 327-5156
	桐生市消費生活センター	376-0045	桐生市末広町11-3 桐生市保健福祉会館4F	(0277)40-1112 FAX 40-1114
	伊勢崎市消費生活センター	372-0045	伊勢崎市上泉町151 福祉会館3F	(0270)20-7300 FAX 20-7302
	太田市消費生活センター	373-0851	太田市飯田町820-1 市立中島記念図書館1F	(0276)30-2220 FAX 30-2221
	沼田市消費生活センター	378-0043	沼田市東倉内町777-4 沼田市役所東庁舎1F	(0278)20-1500 FAX 20-1501
	館林市消費生活センター	374-0029	館林市仲町5-25 市民センター分室1F	(0276)72-9002 FAX 72-9003
	渋川市消費生活センター	377-8501	渋川市石原80 渋川市役所北庁舎2F	(0297)22-2325 FAX 22-3002

都道府県	名　　　称	郵便番号	所　在　地	電　話
群 馬 県	藤岡市消費生活センター	375-8601	藤岡市中栗須327 藤岡市役所内	(0274)22-1211 FAX 20-1133
	富岡市消費生活センター	370-2316	富岡市富岡1406-5	(0274)63-6066 FAX 63-6066
	安中市消費生活センター	379-0192	安中市安中1-23-13 安中市役所敷地内	(027)382-2228 FAX 381-7018
埼 玉 県	川越市生活情報センター	350-1122	川越市脇田町105 アトレビル6F	(0492)26-7066 相談 26-7476 FAX 25-1860
	川口市消費生活相談コーナー	332-8601	川口市青木2-1-1	(048)258-1110 相談 258-1241 FAX 259-2622
	さいたま市浦和消費生活センター	336-0012	さいたま市岸町5-1-3 さいたま市立浦和岸町コミュニティセンター内	(048)824-0165 相談 824-0164 FAX 825-4893
	さいたま市大宮消費生活センター	331-0851	さいたま市錦町630	(048)643-2239 相談 645-3421 FAX 643-2239
	所沢市消費生活センター	359-1143	所沢市宮本町1-1-2	(042)928-1233 相談 926-0999 FAX 923-8711
	岩槻市市民相談室	339-8585	岩槻市本町6-1-1 岩槻市役所内	(048)757-4111 FAX 756-4432
	狭山市消費生活センター	350-1305	狭山市入間川2-2-25	(042)954-7745 相談 954-7799 FAX 954-7719
	上尾市生活情報センター	362-0075	上尾市柏座4-2-3 上尾市コミュニティセンター内	(048)775-0801 FAX 776-4600
	草加市消費生活相談室	340-0053	草加市旭町6-13-20 草加市勤労福祉会館内	(0489)41-6111 FAX 41-6157
	越谷市立消費生活センター	343-8501	越谷市越ケ谷4-1-1 越谷市中央市民会館4F	(0489)65-8886 FAX 65-8887
	入間市役所市民生活課 　　　消費生活相談コーナー	358-8511	入間市豊岡1-16-1	(042)964-1111 FAX 965-8134
	上福岡市消費生活センター	356-8501	上福岡市福岡1-1-2 上福岡市役所第2庁舎2F	(0492)63-0110 相談 63-0110 FAX 63-6111
	三郷市消費生活相談室	341-8501	三郷市花和田648-1 三郷市役所内	(0489)53-1111 FAX 53-7776
千 葉 県	銚子市消費生活センター	288-8601	銚子市若宮町1-1 銚子市役所内	(0479)24-8181 相談 24-8194 FAX 25-0277
	市川市消費生活センター	272-8561	市川市八幡2-15-10 パティオビル8F	(047)332-4312 相談 334-0999 FAX 332-4312
	船橋市消費生活センター	273-0005	船橋市本町7-1-1 東武百貨店船橋店7F	(047)423-3006 FAX 423-3040
	木更津市消費生活センター	292-8501	木更津市潮見2-1-1 木更津市役所第2庁舎内	(0438)23-7111 FAX 23-0075
	松戸市消費生活センター	271-0073	松戸市小根本7-8 京葉ガスF松戸第2ビル5F	(047)366-7329 相談 365-6565 FAX 365-9606
	野田市消費生活センター	278-8550	野田市鶴奉7-1 野田市役所1F	(0471)25-1111 相談 23-1084 FAX 23-1087
	成田市消費生活センター	286-8585	成田市花崎町760 成田市役所2F	(0476)23-1161 FAX 22-4404
	佐倉市消費生活センター	285-0005	佐倉市宮前3-4-1 ミレニアムセンター佐倉内	(043)483-3010 相談 483-4999 FAX 483-8604

付　録　219

都道府県	名　　　称	郵便番号	所　在　地	電　話
千 葉 県	習志野市消費生活センター	275-0016	習志野市津田沼5-12-12 サンロード津田沼6F	(047)451-1151 相談 451-6999 FAX 453-5747
	柏市消費生活センター	277-0005	柏市柏1-1-11 ファミリかしわ3F	(0471)63-5853 相談 64-4100 FAX 64-4327
	市原市消費生活センター	290-0081	市原市五井中央西2-3-13 五井会館3F	(0436)21-0999 FAX 21-0899
	流山市消費生活センター	270-0192	流山市平和台1-1-1	(0471)58-1111 相談 58-0999 FAX 50-3309
	八千代市消費生活センター	276-0045	八千代市大和田250-1	(047)485-0559 FAX 486-0792
	我孫子市消費生活センター	270-1166	我孫子市我孫子1861	(0471)85-0999 FAX 85-0999
	浦安市消費生活センター	279-8501	浦安市猫実1-1-1 浦安市役所4F	(047)351-1111 相談 390-0030 FAX 354-7372
	四街道市消費生活センター	284-0003	四街道市鹿渡2001-10 四街道市第2庁舎1F	(043)422-2155 FAX 424-8923
東 京 都	千代田区商工振興課消費経済係	102-8688	千代田区九段南1-6-11	(03)3264-0151 FAX 3264-1398
	中央区立女性センター消費者コーナー	104-8404	中央区築地1-1-1	(03)3546-5331 相談 3543-0084 FAX 3546-2097
	港区立消費者センター	108-0023	港区芝浦3-1-47 女性センター内	(03)3456-4159 相談 3456-6827 FAX 3453-0458
	新宿消費生活センター	169-0075	新宿区高田馬場4-10-2	(03)3365-6100 相談 3365-6000 FAX 3365-6110
	文京区消費生活センター	112-0003	文京区春日1-16-21 文京シビックセンター地下2F	(03)5803-1105 相談 5803-1106 FAX 5803-1342
	台東区消費者相談コーナー	110-8615	台東区東上野4-5-6	(03)5246-1133 FAX 5246-1139
	すみだ消費者センター	131-0045	墨田区押上2-12-7-111	(03)5608-1773 FAX 5608-6934
	江東区消費者センター	135-0011	江東区扇橋3-22-2	(03)5683-0321 相談 3647-9110 FAX 5683-0320
	品川区消費者センター	140-0014	品川区大井1-14-1 大井一丁目共同ビル	(03)5718-7181 相談 5718-7182 FAX 5718-7183
	目黒区消費生活センター	153-0063	目黒区目黒2-4-36	(03)3711-1133 相談 3711-1140 FAX 3711-5297
	大田区立生活センター	144-0052	大田区蒲田5-13-26-101	(03)3736-7711 相談 3736-0123 FAX 3737-2936
	世田谷区消費生活センター	154-0004	世田谷区太子堂2-16-7	(03)3410-6521 相談 3410-6522 FAX 3411-6845
	渋谷区立消費者センター	150-0002	渋谷区渋谷1-12-5	(03)3406-7641 相談 3406-7644 FAX 5485-0308
	中野区消費者センター	164-0001	中野区中野5-4-7	(03)3389-1191 相談 3389-1196 FAX 3389-1199
	杉並区立消費者センター	166-0004	杉並区阿佐谷南1-36-4 三幸ビル2F	(03)3314-3643 相談 3314-3620 FAX 3312-7251
	豊島区消費生活センター	170-0013	豊島区東池袋1-20-15 生活産業プラザ	(03)5992-7016 相談 3984-5515 FAX 5992-7024

都道府県	名称	郵便番号	所在地	電話
東京都	北区消費生活センター	114-8503	北区王子1-11-1 北とぴあ11F	(03)5390-1239 相談 5390-1142 FAX 5390-1143
	荒川区消費者相談室	116-0002	荒川区荒川2-1-5 セントラル荒川ビル3F	(03)3802-3111 相談 3803-2311 FAX 3803-2333
	板橋区消費者センター	173-0004	板橋区板橋2-65-6 板橋区情報処理センター7F	(03)3579-2266 相談 3962-3511 FAX 3962-3955
	練馬区立消費生活センター	176-0021	練馬区貫井1-9-1 中村橋区民センター内	(03)3926-7215 FAX 3926-7279
	足立区消費者センター	123-0851	足立区梅田7-33-1	(03)3880-5385 相談 3880-5380 FAX 3880-0133
	葛飾区消費生活センター	124-0012	葛飾区立石5-27-1 ウィメンズパル内	(03)5698-2316 相談 5698-2311 FAX 5698-2315
	江戸川区消費者センター	132-0031	江戸川区松島1-38-1 グリーンパレス1F	(03)5662-7635 相談 5662-7637 FAX 5607-1616
	八王子市消費者センター	192-0053	八王子市八幡町7-10 安藤物産第2ビル4F	(0426)25-2618 相談 25-2621 FAX 25-5596
	立川市消費生活相談コーナー	190-0012	立川市曙町2-36-2 立川市女性総合センター・アイム5F	(042)528-6801 相談 528-6810 FAX 528-6805
	武蔵野市消費者ルーム	180-0004	武蔵野市吉祥寺本町1-15-9 岩崎吉祥寺ビル6F	(0422)21-2971 FAX 51-5535
	三鷹市消費者活動センター	181-0013	三鷹市下連雀3-22-7	(0422)43-7874 相談 47-9042 FAX 45-3300
	青梅市消費者相談室	198-0042	青梅市東青梅1-2-5 東青梅センタービル3F	(0428)24-2502 相談 22-6000 FAX 21-0542
	府中市消費生活相談室	183-0034	府中市住吉町1-84 ステーザ府中中河原4F府中市女性センター内	(042)360-3316 FAX 351-4605
	昭島市消費生活相談室	196-8511	昭島市田中町1-17-1 昭島市役所生活コミュニティー課内	(042)544-5111 相談 544-9399 FAX 544-9399
	調布市消費生活相談室	182-8511	調布市小島町2-35-1	(0424)81-7140 相談 81-7034 FAX 81-7024
	町田市消費生活センター	194-0013	町田市原町田4-9-8 町田市民フォーラム3F	(042)725-8805 相談 722-0001 FAX 722-4263
	小金井市消費生活相談室	184-8504	小金井市本町6-6-3 小金井市役所経済課内	(042)387-9831 相談 384-4999 FAX 384-4999
	小平市消費生活相談室	187-8701	小平市小川町2-1333 小平市役所市民生活課内	(042)346-9532 相談 341-1211 FAX 346-9575
	日野市消費生活相談室	191-0011	日野市日野本町1-6-2 日野市生活・保健センター内	(042)581-4112 相談 581-3556 FAX 583-2400
	東村山市消費生活相談室	189-8501	東村山市本町1-2-3	(042)393-5111 FAX 393-6846
	国分寺市消費者相談室	185-8501	国分寺市戸倉1-6-1	(042)325-0111 FAX 325-1380
	国立市消費生活相談コーナー	186-8501	国立市富士見台2-47-1	(042)576-2111 FAX 576-0264
	西東京市消費者センター	202-0005	西東京市住吉町6-1-5	(0424)25-4141 相談 25-4040 FAX 25-4041

都道府県	名　　　称	郵便番号	所　在　地	電　話
	狛江市消費生活相談室	201-8585	狛江市和泉本町1-1-5 狛江市役所内	(03)3430-1111 FAX 3430-6870
	清瀬市消費生活センター	204-0021	清瀬市元町1-4-17	(0424)95-6211 相談 95-6212 FAX 95-6221
	東久留米市消費者センター	203-0052	東久留米市幸町3-6-4	(0424)73-4505 FAX 73-4505
	多摩市消費生活センター	206-0025	多摩市永山1-5 ベルブ永山3F	(042)337-6610 相談 374-9595 FAX 372-4055
	稲城市消費者ルーム	206-8604	稲城市百村2111 首都圏コープ事業連合ビル内	(042)370-7510 相談 378-3738 FAX 370-7509
	羽村市消費生活センター	205-0003	羽村市緑ケ丘5-1-30	(042)555-1111 FAX 555-5535
神奈川県	横須賀市消費生活センター	238-0041	横須賀市本町2-1 横須賀市総合福祉会館2F	(0468)21-1312 相談 21-1314 FAX 21-1315
	相模原市消費生活センター	229-0031	相模原市相模原1-1-3 相模原駅駅ビル4F	(042)776-2511 FAX 776-2814
	相模原市北消費生活センター	229-1103	相模原市橋本6-2-1 JR橋本駅北口シティ・プラザはしもと内	(042)775-1779 相談 775-1770 FAX 775-1771
	相模原市消費生活相談コーナー	228-0803	相模原市相模大野5-31-1 相模原市南合同庁舎3F南市民相談室内	(042)749-2175 FAX 749-2463
	厚木市消費生活センター	243-0004	厚木市水引2-3-1	(046)225-2155 相談 294-5800 FAX 294-5801
	大和市広聴相談課	242-8601	大和市下鶴間1-1-1 大和市役所内	(046)260-5176 相談 260-5120 FAX 260-5138
	海老名市市民相談室(消費生活相談)	243-0492	海老名市勝瀬175-1 海老名市役所内	(046)231-2111 相談 292-1000 FAX 233-9118
新 潟 県	新潟市消費生活センター	951-8550	新潟市学校町通一番町602-1	(025)228-8100 FAX 228-8108
	長岡市立消費生活センター	940-0062	長岡市大手通1-4-10	(0258)32-0022 FAX 39-5050
	村上市消費生活センター	958-8501	村上市三之町1-1 村上市役所市民生活課	(0254)53-2111 FAX 53-3840
	豊栄市消費生活センター	950-3393	豊栄市葛塚3197 豊栄市役所産業経済課内	(025)387-3401 FAX 388-7420
	上越市消費生活センター	943-0838	上越市大手町5-41	(0255)25-1905 FAX 25-3170
	佐渡消費生活センター	952-1393	佐渡郡佐和田町大字河原田本町394 佐和田町役場3F	(0259)57-8143 FAX 52-6022
富 山 県	高岡市生活環境部市民生活課	933-8601	高岡市広小路7-50	(0766)20-1327 相談 20-1522 FAX 20-1641
福 井 県	福井市消費者センター	910-0018	福井市田原1-13-6 フェニックスプラザ1F	(0776)20-5070 相談 20-5588 FAX 20-5081
	敦賀市消費者センター	914-8501	敦賀市中央町2-1-1 敦賀市役所内	(0770)22-8115 FAX 22-8167
	武生市消費者センター	915-8530	武生市府中1-2-3 センチュリープラザ1F	(0778)22-3773 FAX 22-3473
	小浜市消費者センター	917-8585	小浜市大手町6-3 小浜市役所内	(0770)53-1111 FAX 53-0742
	大野市消費者センター	912-8666	大野市天神町1-1 大野市役所生活環境課	(0779)66-1111 FAX 65-8371

都道府県	名　　　称	郵便番号	所　在　地	電　話
福井県	勝山市消費者センター	911-8501	勝山市元町1-1-1 勝山市役所内	(0779)88-1111 FAX 88-1119
	鯖江市消費者センター	916-8666	鯖江市西山町13-1	(0778)53-2214 相談 53-2214 FAX 51-8156
長野県	長野市消費生活センター	380-8512	長野市大字鶴賀緑町1613 長野市役所内	(026)224-5021 相談 224-5023 FAX 224-5100
岐阜県	岐阜市消費生活センター	500-8813	岐阜市明徳町10 杉山ビル5F	(058)265-1616 FAX 265-9617
静岡県	静岡市消費生活センター	420-8602	静岡市追手町5-1 静岡市役所内	(054)221-1054 相談 221-1056 FAX 221-1291
	浜松市消費生活センター	430-0905	浜松市下池川町35-53 浜松市牛山別館1F	(053)457-2205 FAX 474-4911
	沼津市くらしの相談コーナー	410-8601	沼津市御幸町16-1 沼津市役所内	(0559)34-2592 FAX 35-1560
	清水市消費生活センター	424-8701	清水市旭町6-8 清水市役所内	(0543)54-2172 FAX 52-9389
	三島市市民相談室	411-8666	三島市北田町4-47	(0559)83-2621 相談 83-2621 FAX 73-5722
	富士宮市消費生活センター	418-8601	富士宮市弓沢町150	(0544)22-1197 FAX 22-1239
	島田市消費生活相談窓口	427-8501	島田市中央町1-1 島田市役所市民課内	(0547)36-7153 FAX 37-8003
	富士市消費生活センター	416-8558	富士市本市場432-1	(0545)64-8996 FAX 64-7172
	焼津市市民相談室	425-8502	焼津市本町2-16-32 焼津市役所市民課内	(054)626-1116 相談 626-1133 FAX 626-2183
	藤枝市市民相談室	426-8722	藤枝市岡出山1-11-1 藤枝市役所内	(054)643-3111 FAX 643-3127
	御殿場市消費生活センター	412-8601	御殿場市萩原483	(0550)83-1629 FAX 83-9739
	天竜市立消費生活センター	431-3314	天竜市二俣町二俣1112	(0539)25-2337 FAX 25-2337
	裾野市くらしのセンター	410-1192	裾野市佐野1059 裾野市役所内	(0559)92-1111 FAX 94-0985
	金谷町消費生活センター	428-8650	榛原郡金谷町金谷河原3400	(0547)46-5614 FAX 46-2375
愛知県	豊橋市市民相談室	440-8501	豊橋市今橋町1	(0532)51-2306 相談 51-2300 FAX 56-5088
	半田市消費生活相談室	475-8666	半田市東洋町2-1 半田市役所商工観光課内	(0569)21-3111 FAX 25-3255
	春日井市市民相談コーナー消費生活相談	486-8686	春日井市鳥居松町5-44 春日井市役所生活課内	(0568)85-6620 FAX 85-3786
	豊田消費生活センター	471-0034	豊田市小坂本町1-25 豊田産業文化センター2F	(0565)33-0999
	小牧市消費生活相談室	485-8650	小牧市堀の内1-1 小牧市役所内	(0568)72-2101 FAX 75-5714
三重県	四日市市消費者センター	510-8601	四日市市諏訪町1-5	(0593)54-8264 FAX 54-8310
滋賀県	大津市消費生活センター	520-0047	大津市浜大津4-1-1 明日都浜大津4F	(077)528-2662 相談 525-1047 FAX 521-2193
	彦根市生活環境課相談窓口	522-8501	彦根市元町4-2	(0749)22-1411 FAX 21-2220
	近江八幡市消費生活相談窓口	523-8501	近江八幡市桜宮町236	(0748)33-3111 FAX 33-1717

都道府県	名　　　　称	郵便番号	所　　在　　地	電　　話
滋 賀 県	草津市市民経済部生活交通課相談窓口	525-8588	草津市草津3-13-30	(077)563-1234 相談 561-2353 FAX 561-2479
	守山市消費生活相談窓口	524-8585	守山市吉身2-5-22 守山市役所市民生活課内	(077)582-1119 FAX 583-3938
	長浜市消費生活相談窓口	526-0037	長浜市高田町12-34	(0749)65-6567 FAX 65-6540
	栗東町民生部生活環境課相談窓口	520-3088	栗太郡栗東町安養寺1-13-33	(077)551-0115 FAX 551-2010
	野洲町環境経済部環境政策課　消費生活相談窓口	520-2395	野洲郡野洲町大字小篠原2100-1	(077)587-6088 FAX 587-2439
京 都 府	宇治市消費生活相談室	611-8501	宇治市宇治琵琶33 宇治市役所内	(0774)22-3141 FAX 21-0408
	城陽市消費生活相談窓口	610-0195	城陽市寺田東ノ口16-17 城陽市役所商工観光課内	(0774)56-4018 FAX 55-5917
	八幡市生活情報センター	614-8373	八幡市男山八望3番地B51棟	(075)983-8400 FAX 983-8401
大 阪 府	堺市立消費生活センター	590-0076	堺市北瓦町2-4-16 堺富士ビル6F	(0722)21-7908 相談 21-7146 FAX 21-2796
	岸和田市立消費者センター	596-0045	岸和田市別所町3-13-26	(0724)38-5281 相談 39-5281 FAX 39-5300
	豊中市立生活情報センターくらしかん	560-0022	豊中市北桜塚2-2-1	(06)6858-5060 相談 6858-5070 FAX 6858-5095
	池田市立消費生活センター	563-0058	池田市栄本町1-8 いけだ・さわやかビル3F	(0727)53-5555 FAX 53-5022
	吹田市立消費生活センター	564-0027	吹田市朝日町3-203 サンクス3番館内	(06)6319-1000 FAX 6319-1500
	高槻市立消費生活センター	569-0804	高槻市紺屋町1-2 市立総合市民交流センター2F	(0726)83-0999 相談 82-0999 FAX 83-5616
	守口市消費生活センター	570-0056	守口市寺内町1-16-5	(06)6998-3600 FAX 6998-3603
	枚方市立消費生活センター	573-0032	枚方市岡東町12番3-202 ひらかたサンプラザ3号館2F	(072)844-2433 相談 844-2431 FAX 844-2433
	茨木市消費生活センター	567-0888	茨木市駅前4-6-16 茨木市民総合センター内	(0726)24-1872 相談 24-1999 FAX 22-1878
	泉佐野市立消費生活センター	598-0012	泉佐野市高松東1-10-37 センタービル2F	(0724)69-2240 FAX 69-2236
	寝屋川市立消費生活センター	572-0041	寝屋川市桜木町5-30	(072)828-0397 相談 828-0397 FAX 838-9910
	河内長野市消費生活センター	586-0014	河内長野市長野町5-1-303	(0721)56-0700 FAX 56-0701
	大東市消費生活相談コーナー	574-8555	大東市谷川1-1-1 大東市役所南別館2F	(072)872-2181 FAX 870-7732
	和泉市消費生活相談	594-8501	和泉市府中町2-7-5	(0725)41-1551 FAX 43-8788
	箕面市立消費生活センター	562-0001	箕面市箕面6-3-1 みのおサンプラザ1号館2F	(0727)22-0999 FAX 24-9690
	門真市消費生活相談コーナー	571-8585	門真市中町1-1 門真市役所内	(06)6902-1231 FAX 6905-3264
	摂津市消費生活相談ルーム	566-0034	摂津市香露園32-6 摂津市総合福祉会館4F	(0726)38-0161 FAX 38-0161
	高石市消費生活相談コーナー	592-8585	高石市加茂4-1-1 高石市役所内	(0722)65-1001 FAX 62-8184

都道府県	名　　称	郵便番号	所　在　地	電　話
大阪府	東大阪市立消費生活センター	578-0941	東大阪市岩田町5-7-36	(0729)65-6002 相談 65-0102 FAX 62-9385
	泉南市消費者相談室	590-0592	大阪府泉南市樽井1-1-1	(0724)83-0001 FAX 83-0325
	交野市消費者相談コーナー	576-0041	交野市私部西1-8-1　京阪交野駅ビル4F 　星のまちあいセンター内	(072)891-5003 FAX 895-2129
兵庫県	姫路市消費生活センター	670-8501	姫路市安田4-1	(0792)21-2110 FAX 21-2108
	尼崎市立消費生活センター	661-0033	尼崎市南武庫之荘3-36-1	(06)6438-4185 相談 6438-0999 FAX 6438-2427
	明石市消費生活コーナー	673-8686	明石市中崎1-5-1 　明石市役所	(078)918-5050 相談 912-0999 FAX 918-5125
	西宮市消費者センター	663-0855	西宮市北口町1-1 　アクタ西宮西館5F	(0798)69-3159 相談 64-0999 FAX 69-3162
	洲本市市民生活部市民課市民相談係	656-8686	洲本市本町3-4-10	(0799)22-3321 相談 22-0657 FAX 24-1712
	芦屋市消費生活センター	659-8501	芦屋市精道町7-6	(0797)38-2034 FAX 38-2176
	伊丹市立消費生活センター	664-0895	伊丹市宮ノ前2-2-2	(0727)72-0261 相談 75-1298 FAX 75-3811
	相生市消費生活相談コーナー	678-8585	相生市旭1-1-3	(0791)23-7130 FAX 22-6439
	豊岡市くらしの相談室	668-8666	豊岡市中央町2-4	(0796)23-1111 FAX 22-3872
	加古川市消費生活相談コーナー	675-8501	加古川市加古川町北在家23-1	(0794)27-9179 相談 27-9179 FAX 24-1373
	龍野市消費生活相談コーナー	679-4192	龍野市龍野町富永1005-1	(0791)64-3131 FAX 63-2594
	赤穂市消費生活相談コーナー	678-0292	赤穂市加里屋81	(0791)43-6838 FAX 46-3400
	西脇市消費生活相談室	677-8511	西脇市郷瀬町605	(0795)22-3111 FAX 22-1014
	宝塚市消費生活センター	665-0852	宝塚市売布2-5-1	(0797)81-4185 相談 81-0999 FAX 83-1011
	三木市生活安全課生活係	673-0492	三木市上の丸町10-30	(0794)82-2000 FAX 82-9792
	高砂市消費生活相談コーナー	676-8501	高砂市荒井町千鳥1-1-1	(0794)43-9030 FAX 42-2229
	川西市消費生活センター	666-8501	川西市中央町12-1	(0727)40-1167 FAX 40-1320
	小野市消費生活相談コーナー	675-1380	小野市王子町806-1	(0794)63-1000 FAX 63-6600
	三田市消費生活相談センター	669-1595	三田市三輪2-1-1	(0795)59-5046 相談 59-5059 FAX 63-1360
	加西市消費生活相談窓口	675-2395	加西市北条町横尾1000	(0790)42-8731 相談 42-8739 FAX 42-6269
	篠山市市民課生活相談係	669-2397	篠山市北新町41	(0795)52-1111 FAX 52-1855
	猪名川町消費生活相談コーナー	666-0292	川辺郡猪名川町上野字北畑11-1	(0727)66-1110 FAX 66-3732

都道府県	名称	郵便番号	所在地	電話
兵庫県	社町消費生活相談担当	673-1493	加東郡社町社50	(0795)42-3301 FAX 42-6862
	播磨町消費生活相談コーナー	675-0156	加古郡播磨町東本荘1-5-30	(0794)35-0355 FAX 35-0766
	福崎町立生活科学センター	679-2212	神崎郡福崎町福田176-1	(0790)22-4977 FAX 22-2561
	太子町消費生活相談コーナー	671-1592	揖保郡太子町鵤1369-1	(0792)77-1015 FAX 76-3892
奈良県	奈良市消費生活相談室	630-8580	奈良市二条大路南1-1-1 奈良市役所商工労政課内	(0742)34-1111 FAX 36-4058
	大和高田市消費生活相談窓口	635-8511	大和高田市大中100-1 大和高田市役所内	(0745)22-1101 FAX 23-5425
	大和郡山市消費生活相談室	639-1198	大和郡山市北郡山町248-4 大和郡山市役所秘書広報課内	(0743)53-1151 FAX 53-1049
	天理市消費生活相談室	632-8555	天理市川原城町605 天理市役所内	(0743)63-1001 FAX 62-2880
	生駒市消費生活センター	630-0257	生駒市元町1-6-12 生駒セイセイビル3F	(0743)73-0550 FAX 73-0551
鳥取県	米子市消費生活相談室	683-8686	米子市加茂町1-1 米子市役所内	(0859)23-5379 相談 35-6566 FAX 23-5354
岡山県	岡山市消費生活相談室	703-8293	岡山市小橋町1-1-30 岡山市福祉文化会館3F	(086)271-4022 FAX 271-4033
	倉敷市消費生活センター	710-8565	倉敷市西中新田640	(086)426-3111 FAX 426-0900
広島県	呉市消費生活センター	737-8501	呉市中央4-1-6 呉市役所1F	(0823)25-3218 FAX 25-3213
	福山市消費生活センター	720-8501	福山市東桜町3-5 福山市役所1F	(0849)28-1188 FAX 28-1732
	三次市商工観光課 （消費生活相談コーナー）	728-8501	三次市十日市中2-8-1 三次市役所本館2F	(0824)62-6172 FAX 63-2110 ＊三次市役所の 代表番号
	府中町地域振興課 （消費生活相談コーナー）	735-8686	安芸郡府中町大通3-5-1 府中町役場3F	(082)286-3128 FAX 286-3119
山口県	下関市消費生活センター	750-8521	下関市南部町1-1 下関市役所内	(0832)31-1270 FAX 31-9966
徳島県	徳島市消費生活センター	770-0834	徳島市元町1-24 アミコ・シビックセンター4F	(088)625-2326 FAX 625-2365
	鳴門市立消費生活センター	772-0003	鳴門市撫養町南浜字東浜274	(088)686-3776 FAX 686-3776
香川県	高松市消費生活相談窓口	760-8571	高松市番町1-8-15	(087)839-2066 相談 839-2066 FAX 839-2464
愛媛県	松山市消費生活相談窓口	790-8571	松山市二番町4-7-2	(089)948-6381 相談 948-6382 FAX 934-3157
	今治市市民相談室	794-8511	今治市別宮町1-4-1	(0898)32-5200 相談 36-1530 FAX 32-5253
	新居浜市消費生活相談コーナー	792-8585	新居浜市一宮町1-5-1	(0897)65-1260 FAX 65-1276
高知県	高知市市民相談センター	780-8571	高知市本町5-1-45	(088)823-9433 FAX 823-9356
福岡県	大牟田市消費生活相談窓口	836-8666	大牟田市有明町2-3 大牟田市役所市民生活課内	(0944)41-2601 相談 41-2623 FAX 41-2552
	久留米市消費生活センター	830-0037	久留米市諏訪野町1830-6	(0942)38-7777 FAX 37-4818
	飯塚市消費生活センター	820-0005	飯塚市新飯塚20-30 飯塚総合会館3F	(0948)22-0857 FAX 22-0897

都道府県	名称	郵便番号	所在地	電話
福岡県	田川市消費生活相談窓口	825-8501	田川市中央町1-1	(0947)44-2000 FAX 46-0124
	中間市消費生活相談窓口	809-8501	中間市中間1-1-1	(093)244-1111 相談 246-5110 FAX 246-5110 (相談専用電話と同じ番号)
	小郡市消費生活情報センター	838-0198	小郡市小郡255-1	(0942)72-2111 FAX 72-5050
	筑紫野市消費者相談コーナー	818-8686	筑紫野市二日市西1-1-1	(092)923-1111 FAX 923-5391
	宗像市消費者センター	811-3405	宗像市大字須恵348-2	(0940)33-5454 FAX 33-5469
佐賀県	佐賀市消費生活相談窓口	840-8501	佐賀市栄町1-1 佐賀市役所内	(0952)24-3151 FAX 28-9188
	唐津市消費生活センター	847-8511	唐津市西城内1-1 唐津市役所内	(0955)73-0999 FAX 72-9180
長崎県	長崎市消費者センター	850-0877	長崎市築町3-18 メルカつきまち4F	(095)829-1500 相談 829-1234 FAX 829-1511
	佐世保市消費生活センター	857-0056	佐世保市平瀬町3-1	(0956)22-2591 FAX 22-2592
熊本県	熊本市消費者センター	860-0806	熊本市花畑町7-10 熊本市産業文化会館5F	(096)353-5757 相談 353-2500 FAX 353-2501
大分県	大分市消費生活相談窓口	870-8504	大分市荷揚町2-31 大分市役所市民生活課内	(097)534-6145 FAX 536-1461
宮崎県	宮崎市消費生活相談室	880-8505	宮崎市橘通西1-1-1 宮崎市役所生活課内	(0985)21-1755 FAX 24-8117
鹿児島県	鹿児島市消費生活センター	890-0063	鹿児島市鴨池2-25-1-31号	(099)258-3611 相談 252-1919 FAX 258-3712
沖縄県	那覇市消費生活相談室	900-0016	那覇市前島3-25-1 とまりん4F	(098)867-0111 相談 862-3278 FAX 862-1580
	沖縄市消費生活相談室	904-8501	沖縄市仲宗根町26-1	(098)939-1212 FAX 934-3830

全国弁護士会一覧

名　　称	郵便番号	所　　在　　地	電話番号
札幌弁護士会	060-0001	北海道札幌市中央区北一条西10-1-7第百生命札幌第二ビル7F	011-281-2428
函館弁護士会	040-0031	北海道函館市上新川町1-8	0138-41-0232
旭川弁護士会	070-0901	北海道旭川市花咲町4	0166-51-9527
釧路弁護士会	085-0824	北海道釧路市柏木町4-7	0154-41-0214
青森県弁護士会	030-0861	青森県青森市長島1-3-26	017-777-7285
岩手弁護士会	020-0023	岩手県盛岡市内丸9-1	019-651-5095
仙台弁護士会	980-0811	宮城県仙台市青葉区一番町1-17-20グランドメゾン片平3F	022-223-1001
秋田弁護士会	010-0951	秋田県秋田市山王7-1-1	0188-62-2103
山形県弁護士会	990-0047	山形県山形市旅籠町2-4-22	023-622-2234
福島県弁護士会	960-8112	福島県福島市花園町5-45	024-534-2334
東京弁護士会	100-0013	東京都千代田区霞ケ関1-1-3	03-3581-2201
第一東京弁護士会	100-0013	東京都千代田区霞ケ関1-1-3	03-3595-8585
第二東京弁護士会	100-0013	東京都千代田区霞ケ関1-1-3	03-3581-2255
茨城県弁護士会	310-0062	茨城県水戸市大町2-2-75	029-221-3501
栃木県弁護士会	320-0036	栃木県宇都宮市小幡2-7-13	028-622-2008
群馬弁護士会	371-0026	群馬県前橋市大手町3-6-6	027-233-4804
埼玉弁護士会	336-0011	埼玉県さいたま市高砂4-7-20	048-863-5255
千葉県弁護士会	260-0013	千葉県千葉市中央区中央4-13-12	043-227-8431
横浜弁護士会	231-0021	神奈川県横浜市中区日本大通り9	045-201-1881
新潟県弁護士会	951-8126	新潟県新潟市学校町通一番町1	025-222-3765
山梨県弁護士会	400-0032	山梨県甲府市中央1-8-7	055-235-7202
長野県弁護士会	380-0846	長野県長野市妻科432	026-232-2104
静岡県弁護士会	420-0853	静岡県静岡市追手町10-80	054-252-0008
富山県弁護士会	939-8202	富山県富山市西田地方町2-7-5	0764-21-4811
金沢弁護士会	920-0937	石川県金沢市丸の内7-2	076-221-0242
福井弁護士会	918-8108	福井県福井市順化1-24-43ストークビル福井一番館3F	0776-23-5255
岐阜県弁護士会	500-8811	岐阜県岐阜市端詰町22	058-265-0020
名古屋弁護士会	460-0001	愛知県名古屋市中区三の丸1-4-2	052-203-1651
三重弁護士会	514-0032	三重県津市中央3-23	059-228-2232
滋賀弁護士会	520-0051	滋賀県大津市梅林1-3-4	077-522-2013
京都弁護士会	604-0077	京都府京都市中京区富小路通丸太町下ル	075-231-2335
大阪弁護士会	530-0047	大阪府大阪市北区西天満2-1-2	06-6364-0251
兵庫県弁護士会	650-0016	兵庫県神戸市中央区橘通1-4-3	078-341-7061
奈良弁護士会	630-8213	奈良県奈良市登大路町5	0742-22-2035

名　　称	郵便番号	所　　在　　地	電 話 番 号
和歌山弁護士会	640-8144	和歌山県和歌山市四番丁5	073-422-4580
鳥取県弁護士会	680-0011	鳥取県鳥取市東町2-221	0857-22-3912
島根県弁護士会	690-0886	島根県松江市母衣町55-4	0852-21-3225
岡山弁護士会	700-0807	岡山県岡山市南方1-8-29	086-223-4401
広島弁護士会	730-0013	広島県広島市中区八丁堀2-66	082-228-0230
山口県弁護士会	753-0045	山口県山口市黄金町2-15	083-922-0087
香川県弁護士会	760-0023	香川県高松市寿町2-3-11	087-822-3693
徳島弁護士会	770-0854	徳島県徳島市徳島本町2-32	0886-52-5768
愛媛弁護士会	790-0003	愛媛県松山市三番町4-8-8	0899-41-6279
高知弁護士会	780-0928	高知県高知市越前町1-5-7	088-872-0324
福岡県弁護士会	810-0043	福岡県福岡市中央区城内1-1	092-741-6416
佐賀県弁護士会	840-0833	佐賀県佐賀市中の小路4-16	0952-24-3411
長崎県弁護士会	850-0875	長崎県長崎市栄町1-25長崎MSビル4F	0958-24-3903
熊本県弁護士会	860-0078	熊本県熊本市京町1-13-11	096-325-0913
大分県弁護士会	870-0046	大分県大分市荷揚町7-15	0975-36-1458
宮崎県弁護士会	880-0803	宮崎県宮崎市旭1-8-28	0985-22-2466
鹿児島県弁護士会	892-0816	鹿児島県鹿児島市山下町13-47	0992-26-3765
沖縄弁護士会	900-0023	沖縄県那覇市楚辺1-5-15	098-833-5545

財務局、財務事務所一覧

(1)	関東財務局	〒330-9716	埼玉県さいたま市上落合2-11 さいたま新都心合同庁舎1号館	048-600-1151
1	横浜財務事務所	〒231-8412	横浜市中区北仲通5-57 横浜第2合同庁舎	045-681-0931
2	東京財務事務所	〒100-8115	千代田区大手町1-3-3 大手町合同庁舎第3号館	03-3211-5350
3	千葉財務事務所	〒260-8607	千葉市中央区椿森5-6-1	043-251-7211
4	甲府財務事務所	〒400-0024	甲府市北口1-4-10	055-253-2261
5	宇都宮財務事務所	〒320-0043	宇都宮市桜3-1-10	028-633-6221
6	水戸財務事務所	〒310-0061	水戸市北見町1-4	029-221-3188
7	前橋財務事務所	〒371-0026	前橋市大手町2-10-5 前橋合同庁舎	027-221-4491
8	新潟財務事務所	〒951-8114	新潟市営所通二番町692-5 新潟財務総合庁舎	025-229-2631
9	長野財務事務所	〒380-0846	長野市旭町1108 長野第2合同庁舎	026-234-5123
(2)	近畿財務局	〒540-0008	大阪市中央区大手前4-1-76 大阪合同庁舎第4号館	06-6949-6371
10	京都財務事務所	〒602-0855	京都市上京区西三本木通荒神口下ル上生州町197	075-231-4131
11	神戸財務事務所	〒650-0024	神戸市中央区海岸通29 神戸地方合同庁舎	078-391-6941
12	奈良財務事務所	〒630-8213	奈良市登大路町81 奈良合同庁舎	0742-27-3161
13	和歌山財務事務所	〒641-0044	和歌山市今福1-3-35	073-422-6141
14	大津財務事務所	〒520-0037	大津市御陵町3-5	077-522-3765
(3)	北海道財務局	〒060-8579	札幌市北区北8条西2丁目1番1 札幌第1合同庁舎	011-709-2311
15	函館財務事務所	〒040-0032	函館市新川町25-18 函館地方合同庁舎	0138-23-8445

16	旭川財務事務所	〒070-0035 旭川市五条10丁目左9	0166-26-4151
17	帯広財務事務所	〒080-0015 帯広市西五条南6丁目	0155-25-6381
18	釧路財務事務所	〒085-8649 釧路市幸町10-3	0154-32-0701
19	小樽出張所	〒047-0007 小樽市港町5-3 小樽港湾合同庁舎	0134-23-4103
20	北見出張所	〒090-0031 北見市北十一条東2丁目	0157-24-4167
(4)	東北財務局	〒980-8436 仙台市青葉区本町3-3-1 仙台合同庁舎	022-263-1111
21	盛岡財務事務所	〒020-0023 盛岡市内丸7-25 盛岡合同庁舎	019-625-3351
22	福島財務事務所	〒960-8018 福島市松木町13-2	024-535-0301
23	秋田財務事務所	〒010-0951 秋田市山王7-1-4 秋田市第2合同庁舎	018-862-4191
24	青森財務事務所	〒030-8577 青森市新町2-4-25 青森合同庁舎	017-722-1461
25	山形財務事務所	〒990-0041 山形市緑町2-15-3	023-641-5177
(5)	東海財務局	〒460-8521 名古屋市中区三の丸3-3-1	052-951-1771
26	静岡財務事務所	〒420-8636 静岡市追手町9-50 静岡地方合同庁舎	054-251-4321
27	津財務事務所	〒514-8560 津市桜橋2-129	059-225-7221
28	岐阜財務事務所	〒500-8716 岐阜市金竜町5-13 岐阜合同庁舎	058-247-4111
(6)	北陸財務局	〒921-8508 金沢市新神田4-3-10 金沢新神田合同庁舎	076-292-7860
29	福井財務事務所	〒910-8519 福井市宝永2-4-10	0776-25-8230
30	富山財務事務所	〒930-8554 富山市丸の内1-5-13	076-432-5521

(7)	中国財務局	〒730-8520	広島市中区上八丁堀6-30 広島合同庁舎第4号館	082-221-9221
31	山口財務事務所	〒753-0088	山口市中河原町6-16 山口地方合同庁舎	083-922-2190
32	岡山財務事務所	〒700-8555	岡山市桑田町1-36 岡山地方合同庁舎	086-223-1131
33	鳥取財務事務所	〒680-0845	鳥取市富安2-89-4 鳥取第1地方合同庁舎	0857-26-2295
34	松江財務事務所	〒690-0001	松江市東朝日町73	0852-21-5231
(8)	四国財務局	〒760-0008	高松市中野町26-1	087-831-2131
35	松山財務事務所	〒790-0808	松山市若草町4-3 松山若草合同庁舎	089-941-7185
36	徳島財務事務所	〒770-0941	徳島市万代町3-5 徳島第2地方合同庁舎	088-622-5181
37	高知財務事務所	〒780-0842	高知市追手筋2-7-3	088-822-9177
(9)	九州財務局	〒860-8585	熊本市二の丸1-2 熊本合同庁舎	096-353-6351
38	大分財務事務所	〒870-0016	大分市新川町2-1-36 大分合同庁舎	097-532-7107
39	鹿児島財務事務所	〒892-0816	鹿児島市山下町13-21 鹿児島合同庁舎	099-226-6155
40	宮崎財務事務所	〒880-0805	宮崎市橘通東3-1-22 宮崎合同庁舎	0985-22-7101
(10)	福岡財務支局	〒812-0013	福岡市博多区博多駅東2-11-1 福岡合同庁舎	092-411-7281
41	佐賀財務事務所	〒840-0801	佐賀市駅前中央3-3-20 佐賀第2合同庁舎	0952-32-7161
42	長崎財務事務所	〒850-0052	長崎市筑後町3-24	095-822-4271
(11)	沖縄総合事務局	〒900-8530	那覇市前島2-21-7	098-866-0062

都道府県の貸金業担当部課係一覧

	都道府県名	貸金業の担当部課係名	所在地	電話
1	北海道	経済部経営金融課貸金業係	〒060-8588 札幌市中央区北三条西六丁目	011-231-4111
2	青森県	商工観光労働部商工政策課	〒030-8570 青森市長島1-1-1	0177-22-1111
3	岩手県	商工労働観光部経営金融課	〒020-8570 盛岡市内丸10-1	0196-51-3111
4	宮城県	商工労働部経営金融課金融指導係	〒980-8570 仙台市青葉区本町3-8-1	022-211-2722
5	秋田県	商工労働部商政課金融担当	〒010-0951 秋田市山王4-1-1	0188-60-2217
6	山形県	商工労働観光部商工政策課金融係	〒990-8570 山形市松波2-8-1	0236-30-2359
7	福島県	商工労働部中小企業課信用組合係	〒960-8670 福島市杉妻町2-16	0245-21-1111
8	茨城県	商工労働部商業流通課金融検査担当	〒310-8555 水戸市三の丸1-5-38	029-221-8111
9	栃木県	商工労働観光部経営指導課	〒320-8510 宇都宮市塙田1-1-20	028-623-3169
10	群馬県	商工労働部商政課金融指導係	〒371-8570 前橋市大手町1-1-1	0272-23-1111
11	埼玉県	労働商工部金融課	〒336-8501 さいたま市高砂3-15-1	048-824-2111
12	千葉県	商工労働部金融課貸金業係	〒260-0855 千葉市中央区市場町1-1	043-223-2794
13	東京都	労働経済局商工振興部金融課貸金業係	〒163-8001 新宿区西新宿2-8-1	03-5321-1111
14	神奈川県	商工部金融課信用組合・貸金業検査指導係	〒231-0021 横浜市中区日本大通り1	045-201-1111
15	山梨県	商工労働観光部商工金融課信用組合担当	〒400-8501 甲府市丸の内1-6-1	0552-37-1111
16	新潟県	商工労働部商工振興課金融係	〒950-8570 新潟市新光町4-1	025-285-5511
17	長野県	商工部中小企業課金融係	〒380-8570 長野市大字南長野字幅下692-2	026-232-0111
18	富山県	商工労働部中小企業課金融係	〒930-8501 富山市新総曲輪1-7	0764-31-4111
19	石川県	商工労働部経営金融課	〒920-8570 金沢市広坂2-1-1	0762-61-1111
20	福井県	商工労働部経営指導室	〒910-8570 福井市大手3-17-1	0776-21-1111
21	岐阜県	商工労働部金融課	〒500-8570 岐阜市藪田1-1	058-272-1111
22	静岡県	商工労働部金融課金融経済指導スタッフ	〒420-8601 静岡市追手町9-6	054-221-2506
23	愛知県	商工部商工金融課貸金業係	〒460-0001 名古屋市中区三の丸3-1-2	052-961-2111

付　　録　233

24	三 重 県	商工労働部商工金融課金融指導係	〒514-0006	津市広明町13	0592-24-2437
25	滋 賀 県	商工観光政策課金融係	〒520-0044	大津市京町4-1-1	0775-24-1121
26	京 都 府	商工部消費生活課調査係	〒602-8570	京都市上京区下立売通新町西入藪ノ内町	075-414-4868
27	大 阪 府	商工部金融課貸金業係	〒540-0008	大阪市中央区大手前2-1-22	06-6941-0351
28	兵 庫 県	商工部金融課貸金業指導担当	〒650-0011	神戸市中央区下山手通5-10-1	078-341-7711
29	奈 良 県	商工労働部金融課金融指導係	〒630-8213	奈良市登大路町	0742-22-1101
30	和歌山県	商工労働部商工金融課	〒640-8269	和歌山市小松原通1-1	0734-32-4111
31	鳥 取 県	商工労働部経営流通課金融係	〒680-0011	鳥取市東町1-220	0857-26-7214
32	島 根 県	商工労働部経営指導課金融係	〒690-0887	松江市殿町1	0852-22-5882
33	岡 山 県	商工企画課商業金融係	〒700-0824	岡山市内山下2-4-6	086-224-2111
34	広 島 県	商 工 金 融 課	〒730-0011	広島市中区基町10-52	082-228-2111
35	山 口 県	商工労働部中小企業課金融係	〒753-0071	山口市滝町1-1	0839-22-3111
36	徳 島 県	商工労働部経営金融課	〒770-0941	徳島市万代町1-1	0886-21-2367
37	香 川 県	商 工 労 働 部	〒760-0017	高松市番町4-1-10	0878-31-1111
38	愛 媛 県	経済労働部商工課	〒790-0001	松山市一番町4-4-2	089-941-2111
39	高 知 県	商工労働部商工政策課金融班	〒780-0850	高知市丸の内1-2-20	0888-23-1111
40	福 岡 県	商工部経営金融課貸金業係	〒812-8577	福岡市博多区東公園7-7	092-651-1111（内）3221
41	佐 賀 県	商工企画課金融係	〒840-0041	佐賀市城内1-1-59	0952-24-2111
42	長 崎 県	商工労働部経営指導課	〒850-0861	長崎市江戸町2-13	0958-24-1111
43	熊 本 県	商工観光労働部商工金融課	〒862-0950	熊本市水前寺6-18-1	096-383-1111
44	大 分 県	商工労働観光部中小企業課	〒870-0022	大分市大手町3-1-1	0975-36-1111
45	宮 崎 県	商工労働部商工金融課管理係	〒880-0805	宮崎市橘通東2-10-1	0985-26-7098
46	鹿児島県	商工労働部中小企業課金融係	〒892-0816	鹿児島市山下町14-50	099-286-2111
47	沖 縄 県	文化環境部生活企画課	〒900-8570	那覇市泉崎1-2-2	098-866-2187

全国の貸金業協会（相談窓口）一覧

協会名	〒	所在地	問合せ先
㈳北海道貸金業協会	064-0804	札幌市中央区南4条西6丁目　晴ればれビル4F	011-222-4202
㈳宮城県貸金業協会	980-0014	仙台市青葉区本町2-9-7　仙台YFビル3F	022-222-6545
㈳岩手県貸金業協会	020-0025	盛岡市大沢川原3-2-5　船越ビル1F	019-651-2767
㈳福島県貸金業協会	960-8032	福島市陣場町6-10	024-536-3211
㈳秋田県貸金業協会	010-0951	秋田市山王6-1-13　山王プレスビル5F	018-863-1732
㈳青森県貸金業協会	030-0861	青森市長島4-1-1　長崎ビル1F	017-773-6700
㈳山形県貸金業協会	990-0833	山形市春日町2-24　山和ビル　1階南号室	023-646-2010
㈳東京都貸金業協会	108-0073	港区三田3-7-13-301	03-3452-0011
㈳神奈川県貸金業協会	231-0058	横浜市中区弥生町2-15-1　ストークタワー大通り公園Ⅲ　3F	045-251-3017
㈳埼玉県貸金業協会	336-0011	さいたま市高砂4-2-4　鈴木商事第2ビル4F	048-863-1112
㈳千葉県貸金業協会	260-0043	千葉市中央区弁天町256-1　大野ビル7F	043-284-4100
㈳山梨県貸金業協会	400-0856	甲府市伊勢1-4-5　第2平和ビル3F	055-226-7820
㈳栃木県貸金業協会	320-0027	宇都宮市塙田1-2-23　栃木県塙田会館2F	028-624-0604
㈳茨城県貸金業協会	310-0031	水戸市大工町3-4-24　ハイジマビル3F	029-225-4436
㈳群馬県貸金業協会	371-0031	前橋市下小出町2-23-3　宮島ビル201号室	027-232-8403
㈳新潟県貸金業協会	951-8067	新潟市本町通六番町1141-1　ストークビル新潟一番館6F	025-222-7311
㈳長野県貸金業協会	390-0815	松本市深志1-4-25　松本フコク生命駅前ビル6F	0263-37-8858
㈳愛知県貸金業協会	460-0003	名古屋市中区錦3-7-13　ユーハウスビル8F	052-973-0909
㈳静岡県貸金業協会	420-0856	静岡市駿府町2-6　エル・シー・ビル3F	054-255-8484
㈳三重県貸金業協会	514-0006	津市広明町352-4　㈱新六屋一ビル2F	059-226-9777
㈳岐阜県貸金業協会	500-8882	岐阜市西野町7-4　吉光ビル	058-253-2959
㈳石川県貸金業協会	920-0902	金沢市尾張町1-3-6	076-231-1200
㈳福井県貸金業協会	910-0006	福井市中央1-6-17　中央タワーパーキングビル3F	0776-21-5508

㈳富山県貸金業協会	930-0032	富山市栄町1-7-11	076-425-8291
㈳大阪府貸金業協会	541-0059	大阪市中央区博労町1-8-8　境筋ISビル5F	06-6260-0920
㈳京都府貸金業協会	602-8066	京都市上京区中立売通油小路西入東橋詰町74番4　京都府貸金業会館内	075-432-0611
㈳兵庫県貸金業協会	650-0024	神戸市中央区海岸通1-2-18　HCビル2階	078-392-3781
㈳奈良県貸金業協会	630-8227	奈良市林小路町24　福田ビル2F	0742-23-9535
㈳和歌山県貸金業協会	640-8324	和歌山市吹屋町5-49-3　和歌山県金融会館1F	073-433-1560
㈳滋賀県貸金業協会	520-0056	大津市末広町8-12　丸万ビル4F	077-525-3860
㈳広島県貸金業協会	730-0016	広島市中区幟町13-24　広島税研ビル3F	082-223-0047
㈳山口県貸金業協会	754-0011	吉敷郡小郡町御幸町5-24-202　岡村ビル2F	083-973-6220
㈳岡山県貸金業協会	700-0824	岡山市内山下2-2-2　第七小野ビル301号	086-232-2446
㈳鳥取県貸金業協会	680-0037	鳥取市元町428-2　山田ビル3F	0857-26-2430
㈳島根県貸金業協会	690-0002	松江市大正町414　スズキビル2F	0852-24-2229
㈳香川県貸金業協会	760-0018	高松市天神前6-32　香川県交通ビル5F	087-833-0888
㈳愛媛県貸金業協会	790-0005	松山市花園町3-1　佐伯ビル2F	089-946-4000
㈳徳島県貸金業協会	770-0939	徳島市かちどき橋1-43-2　昭信ビル3F	088-622-7833
㈳高知県貸金業協会	780-0870	高知市本町2-3-37　起塚ビル2F	088-824-1495
㈳熊本県貸金業協会	860-0845	熊本市上通町7-32　熊本県蚕糸会館内	096-322-3640
㈳大分県貸金業協会	870-0021	大分市府内町2-5-34　JOビル3F	097-534-9055
㈳鹿児島県貸金業協会	892-0833	鹿児島市松原町10-25　ホンダビル松原3F	099-223-9539
㈳宮崎県貸金業協会	880-0012	宮崎市末広1-9-14	0985-25-8177
㈳福岡県貸金業協会	810-0073	福岡市中央区舞鶴2-2-3　サンライフ第2ビル3F	092-721-0117
㈳佐賀県貸金業協会	840-0842	佐賀市多布施1-10-18	0952-23-7375
㈳長崎県貸金業協会	850-0841	長崎市銅座町14-9　ICNビル7F	095-824-5503
㈳沖縄県貸金業協会	900-0037	那覇市辻1-1-28　センタービル1F	098-866-0555

日本証券業協会、地区協会一覧

日本証券業協会	〒103-0025	東京都中央区日本橋茅場町1の5の8	Tel.03-3667-8451
北海道地区協会	〒060-0061	札幌市中央区南1条西5の14の1	Tel.011-221-6520
東北地区協会	〒980-0014	仙台市青葉区本町2の1の1	Tel.022-223-5522
東京地区協会	〒103-0025	東京都中央区日本橋茅場町1の5の8	Tel.03-3667-8451
同新潟支所	〒951-8068	新潟市上大川前通六番町1215の7	Tel.025-222-6811
名古屋地区協会	〒460-0008	名古屋市中区栄3の3の17	Tel.052-262-2571
北陸地区協会	〒920-0981	金沢市片町2の2の15	Tel.076-231-2681
大阪地区協会	〒541-0041	大阪市中央区北浜1の1の16	Tel.06-6223-1051
中国地区協会	〒730-0014	広島市中区上幟町3の26	Tel.082-511-2015
四国地区協会	〒760-0025	高松市古新町4の5	Tel.087-851-2166
九州地区協会　福岡支所	〒810-0001	福岡市中央区天神2の14の2	Tel.092-751-5600
同熊本支所	〒860-0017	熊本市練兵町45	Tel.096-354-5395

New Version
For The Best Consumer Counseling
新訂　事例中心　消費者相談ハンドブック

平成10年1月20日	初　版　発　行
平成13年10月1日	新　訂　版　発　行
平成15年6月15日	新訂版4刷発行

編　著　東京法令出版消費者相談研究チーム

発行者　星　沢　哲　也

発行所　東京法令出版株式会社

112-0002	東京都文京区小石川5丁目17番3号	03(5803)3304
534-0024	大阪市都島区東野田町1丁目17番12号	06(6355)5226
060-0009	札幌市中央区北九条西18丁目36番83号	011(640)5182
980-0012	仙台市青葉区錦町1丁目1番10号	022(216)5871
462-0053	名古屋市北区光音寺町野方1918番地	052(914)2251
730-0005	広島市中区西白島町11番9号	082(516)1230
760-0038	高松市井口町8番地8	087(826)0896
810-0011	福岡市中央区高砂2丁目13番22号	092(533)1588
380-8688	長野市南千歳町1005番地	

〔営業〕TEL 026(224)5411　FAX 026(224)5419
〔編集〕TEL 026(224)5412　FAX 026(224)5439
http://www.tokyo-horei.co.jp/

© Printed in Japan, 1998

本書の全部又は一部の複写、複製及び磁気又は光記録媒体への入力等は、著作権法上での例外を除き禁じられています。これらの許諾については、当社までご照会ください。

落丁本・乱丁本はお取替えいたします。

ISBN4-8090-1056-2